光文社知恵の森文庫

デイビッド・セイン 著

エートゥーゼット 訳

ネイティブは
たった100語で話している！

光文社

本書は『ネイティブはたった100語で話している！』（2004年、ダイヤモンド社刊）を、加筆修正して文庫化したものです。

はじめに

　驚くべき事実があります。複数の言語学者の研究によって、わずか25の単語を知るだけで英語の3分の1がわかることが明らかにされているのです*。しかも、みなさんがもし日常で最もよく使われている100語を知っているなら、ネイティブ・スピーカーが使っている英語の50パーセントを理解することも可能なはずだというのです。

　諸説ありますが、英語圏のネイティブ・スピーカーは、およそ5万語のボキャブラリーを持っているそうです。そのうちたったの0.2パーセント（100単語）を知っていれば、もう英語の半分がわかってしまうということです。

　100語はそれほど大きな数字ではありません。中学の英語の授業なら、最初の数カ月でその程度は学ぶでしょうし、必要なら3日で100語ぐらいは覚えられるでしょう。しかし、単に100語知っていても流暢に英語を話せるようになるわけではありません。

　ということは、みなさんが流暢に英語を話せない主な原因は、語彙が不足しているためではなく、すでに知っている単語の意味とニュアンスとを十分に理解していないからだと言えるのではないでしょうか。

　日本人はどちらかと言うと、長い英単語については容易に学び使っているように思えます。例えば、communication、

information、literature、customer といった単語は、たいていの人が知っているでしょう。しかし、これらの単語は通常1つの意味しか持たず、どのように使われようと意味もニュアンスもそれほど変化しません。実は、これらはネイティブ・スピーカーが最も難しいと思う単語なのです。

一方で、日本で英語を学ぶみなさんは mind、work、make、know、should のような単語を使うのにはてこずります。これらはネイティブ・スピーカーは容易だと考え、彼らが子供の時に最初に学ぶ単語でもあります。

ネイティブ・スピーカーには容易な単語が、なぜ日本人には難しいのでしょうか。それは、これらの単語が前後に付く言葉（前置詞など）によって初めて理解できるような、意味やニュアンスを数多く持っているためです。

make を例に取ってみましょう。日本語の「作る」にあたる単語だということは既に学んだと思います。それは間違いではありません。しかし、この他にも数多くの意味があり、その中には「作る」こととは無関係に思われるものもあります。

次の例文がどういう意味になるかわかりますか？

▶ Did you make out?（93ページ参照）
▶ How did you make out?（93ページ参照）
▶ I can't make this out.（93ページ参照）
▶ What made him say that?（94ページ参照）

本書で取り上げる100語を使えば、自分の言いたいことはほとんど表現できるようになる、ということがおわかりになると思います。しかも、難しい単語を使うよりもずっと自然に聞こえるのです。本書で取り上げた単語の用法をマスターすれば、みなさんの英語力は飛躍的にアップします。

　なお、本書のタイトルでは「100語」となっていますが、実際に収録した単語数は91です。省かせていただいた9単語は、a、an、the、be動詞、for、in、of、we (our、us)、to です。これらに関しては、説明の必要はないと判断いたしました。

　本書がみなさんの英語力アップのお役に立てれば幸いです。

デイビッド・セイン

＊参考：Fry, E. , Kress, J. , and Fountoukidis, D.『The Reading Teacher's Book of Lists』(2000) Paramus, NewJersey : Prentice Hall.

ネイティブはたった100語で話している！　　目　次

はじめに ……3

on だけでこんなに深い意味に！ ……16
It's on me.（僕がおごるよ）

all は「全部」で全部じゃない！ ……19
Not at all.（どういたしまして）

with が表現する人間関係のいろいろ ……22
I'm with you.（あなたの言うことはわかるわ）

this が「状況」を表すこともある ……24
This and that.（まあ、いろいろとね）

it は重要な人物やモノを指す ……27
You have it.（君にはカリスマ性がある）

about 上手は気配り上手！ ……29
When?（いつなんだ？）
About when?（いつごろ来るの？）

have のさまざまなニュアンスを理解しよう ……32
I have got a new stereo.（私は新しいステレオを持っている）

will と **be going to** は大違い！ ……35
Will do.（はい、ただいまやります）

one を使って、数えられるものを代用する …… 37
That's a good one.（だまされないぞ）

if は、はぐらかしたい時に使える …… 39
It's iffy.（わからないなぁ）

up をマスターすればグンと会話力アップ！ …… 43
Up in the air.（神のみぞ知る）

no と断るばかりじゃ「能」がない！ …… 46
No way!（とんでもない！）

time のネイティブっぽい使い方 …… 48
We made good time.（いい調子で進んだね）

Here. だけの傲慢な言い方は嫌われる！ …… 52
Here, boy.（ほら、こっち来い！）

what で生意気に思われないように！ …… 54
What of it?（何かご不満でも？）

any を使えたら一人前！ …… 57
Anyone can do it.（誰にだってできるよ）

So? でイライラ気分を表せる …… 60
How so?（何でそうなるの？）

back ひとつで田舎に帰る …… 62
Going home.（家に帰る）
Going back home.（田舎に帰る）

May I...? は幼稚な表現!? ……65
You may be right.（君は正しいと思うよ）

I do. で上品さをアピール！ ……68
Will this do?（これで間に合いますか？）

like を濫用すると、おバカっぽい!? ……72
It goes like this.（こ〜んな感じ！）

there の意外な言い回しを覚えよう！ ……74
Been there, done that.
（同じ経験をしたので、お気持ちはよくわかります）

who を使った「どなた？」のいろいろ ……77
Who's there?（だ、誰だい…？　そこにいるのは）

get は「ゲットする」だけでOK？ ……79
I got a job.（仕事をゲットしちゃった）

see は「見る」だけじゃない！ ……82
Don't you see?（わからないの？）

just は正義！ ……84
Just give it your best.（ただ全力を尽くせ）

how で「ひどい！」をバッチリ表現 ……87
How could you?!（よくも私の人生を台無しにしてくれたわね！）

now で「うんざり気分」を表せる ……89
What now?（今度は何なの!?）

make をマスターして語彙力倍増! …… 92
Go ahead, make my day!
(面白いじゃねえか、やれるもんならやってみな!)

help をマスターすれば、ピンチの時も安心! …… 95
Would you give me some help?
(少々、お力をお借りしてもよろしいかしら?)

well done は焼き加減だけじゃない! …… 99
Well done. (よくやった!)

day を使って一日をふり返る …… 102
It wasn't my day. (今日は日が悪かった)

would の文法にこだわらない攻略法 …… 104
I wouldn't. (私だったらそんなことしないな)

work は多様な意味を持つ言葉 …… 107
I hope it works out. (うまくいくといいね)

best の微妙なニュアンスが大事 …… 109
I'm doing my best. (努力してるんだってば!)

where で抽象的な場所を表現する …… 112
Where do we go from here?
(私たち、これからどうなるんだろう?)

need が自然な表現になる場合は? …… 114
I needed that. (お気遣い、うれしいです)

go で短く、歯切れよく！ …… 116
I've got to go.（トイレ行かなきゃ！）

good の語源は「God」？ …… 119
Be good.（行ってらっしゃい）

way が very と同じ意味に!? …… 121
That's way better.（そっちのほうがずっといいよ）

take は「取る」だけじゃない！ …… 125
Don't take it out on me.（八つ当たりしないでよ）

know で相手の気をひこう！ …… 128
You know what?（あのね…）

should のニュアンスを使い分けよう！ …… 130
You shouldn't say that.（それは言うなって）

right が「正しい」の意味になる理由 …… 132
All right for you!（もう君とは絶交だ！）

want の強いニュアンスに気をつけよう …… 135
I don't want to do that.
（そんなこと、したくないやい！）

long の「長さ」はいろいろある …… 138
So long.（さよなら〈しばらく会うこともないね〉）

come と **go** を使い分けていますか？ …… 140
Come again?（えっ、何だって？）

off の「離れる」「外れる」以外の意味は？ …… 143
He told me off.（彼に怒られちゃった）

too much は「手に負えない！」 …… 146
You are too much.（君は全く手に負えないよ）

look で見て、考えて、気をつけて …… 148
Look here.（いいかね、よく考えてみなさい）

give up で「何」を諦める？ …… 151
Give it up!（あなたと付き合うなんてまっぴらよ！）

You'd better は目下に使う表現 …… 153
You'd better go.（帰らないとぶん殴るぞ！）

let は強い命令にも使える …… 156
Let it be.（触るな！）

why は疑問文以外でも大活躍 …… 158
Why not?（いいですとも）

never は「決して」の意味だけじゃない！ …… 161
Never say never!（それはわからないよ！）

keep は「あげる」時も「返す」時も使える …… 163
You can keep it.（欲しければどうぞ）
You can keep it.（こんなものいらない）

really は位置でニュアンスが変わる …… 166
I really don't know.（よく考えても全くわからないよ）

say は省略された意味に注意 …… 168
Say what?!（何だって!?）

put を使った言い回しあれこれ …… 170
Well put!（うまい！座布団1枚！）

sure で強調の表現を身につけよう …… 172
Sure thing!（いいとも！）

easy の七変化 …… 176
I'm easy.（あなたの都合に合わせるよ）

feeling も感じ方いろいろ …… 179
I have no feeling.（感覚がないんだ）
I have no feelings.（誰も愛さない）

care で否定を柔らかく …… 182
I don't care for fish.（魚はちょっと…）

something を使った「誉める」表現 …… 185
That's something.（それはすごいな！）

hard ってけっこうハードな単語かも …… 187
It's hard to say.（ちょっとわかりません）

tell には「見分ける」という意味も …… 189
I'm telling you.（本当なんです）

every と **any** の使い分けに注意！ …… 192
You don't know everything.

(事情を全部知ってるわけじゃないでしょう？)
You don't know anything.
(なんにもわかっちゃいないくせに！)

will は8割、**might** は2割 …… 195
Might is right.（勝てば官軍）

try はネガティブワード!? …… 197
I tried my best.（頑張ったけどダメだった）

ask は「尋ねる」だけじゃない！ …… 200
Don't ask.（ひどいもんだよ！）

enough は諸刃の剣 …… 204
I've had enough.（もううんざりなんだ！）

interest の自然な使い方 …… 207
That looks interesting.（面白そうだね）
That's interesting.（へえ、そうなんだ）

mind でイライラ行為を撃退!? …… 209
Would you mind?（ちょっとやめてくれない？）

hope には悲観的なニュアンスもある？ …… 211
I hope so.（無理でしょう、きっと）

bad は「悪い」のか「良い」のか？ …… 214
Not bad.（すごくいいよ！）

believe の大いなる力 …… 216
I don't believe so.（私はそうは思わない）

sound が「音」を意味しないこともある …… 219
That idea is sound.（いい考えだね）

thank でもっと感謝の気持ちを伝えよう …… 222
How can I ever thank you?
（なんと感謝したらいいのか…）

fine に「もち肌」の意味がある!? …… 225
You have fine skin.（君ってもち肌なんだね）

talking head って何者!? …… 227
He's all talk.（彼って口ばっかりね）

wish は基本的にネガティブなニュアンス …… 231
You wish.（無理だね）

idea が「アイディア」ではない意味に!? …… 234
I have no idea.（そんなこと全然知らなかった）

hear と listen は大違い！ …… 236
My hearing isn't very good.（私、耳が遠いんです）

mean で「本気度」を表そう！ …… 239
Do you mean that?!（冗談でしょう？）

break 「壊す」から派生する意外な意味 …… 241
I'm broke.（俺、カネ持ってないよ）

wrong で相手を気遣う表現をマスター …… 244
What's wrong?（どうしたの？〈大丈夫？〉）

wait の実践的な使い方を覚えよう ……246
This can wait.（後回しでも構わないよ）

happen を使って「偶然」を表現しよう ……249
I happen to know him.
（たまたま彼とは知り合いなんだ）

sorry で配慮したはずが、逆効果!? ……251
Sorry I asked.（ちぇっ、聞くんじゃなかった）

worry で「気遣い」の表現をマスター！ ……254
Don't worry about me.（私なら大丈夫）

OK の語源は英語じゃなかった!? ……256
It was okay.（まあまあってとこ）

Column
日本語の直訳でも通じる英語 ……42
Do you have time? で勘違い　冠詞はとっても重要！ ……71
1つでいろんな意味を持つ単語 ……97
日本語の語順と並びが変わるフレーズ ……124
思いもよらない!?　魔法の接尾辞 "y" ……175
不思議な単語のコンビネーション ……202
2語つなぐと全然別の意味になるフレーズ ……230
語頭に1文字足すと全く違う意味になる単語 ……258

on だけでこんなに深い意味に！

It's on me.（僕がおごるよ）
さまざまな動詞と組み合わさって、意外な意味を生むことがある。

---

　onはよく動詞と組み合わせて使われます。例えば、**What's going on?** という表現を見てみましょう。「調子どう？」といった挨拶として使うことができますが、こんな時はNothing.（別に）とか、Not much.（相変わらずだよ）と答えることが多いです。また、「どうなっているのですか？」という質問の意味にもなります。

　「おごります」という時にも、onを使った表現を用います。例えば、自分がおごるのであればIt's on me.（私のおごりです）と言います。It's my treat. と言っても同じ意味です。具体的におごるものを述べる時は、Lunch is on me. とか、Dinner is on me. のように、itの部分をおごりたいものに変更すればよいのです。

▶ Drinks are on me.（飲み物は私のおごりです）

　テレビでどんな番組をやっているか尋ねる時には、**What's on?** とよく言います。What's on TV? を短縮した表現です。

　onの部分を強調して、アメリカ人が **Come on!** と言うのを聞いたことがあると思います。「勘弁してよ」「急いで！」と

16

いった意味です。

A : I think you're smart, beautiful and...
　　（あなたは頭がよくて美人で…）
B : **Come on.** What do you want?
　　（冗談はよしてよ。何がほしいの？）

バンジージャンプをしようと橋の縁に立ったものの、なかなか飛び込まない人に、**Go on.** You can do it.（続けて。君ならできる）と大声をかける人もいるでしょう。登山などをしていて悪天候のためやむを得ず中断する時、I can't go on.（中止だ）と言ったりします。

聞き慣れない表現かもしれませんが、**let on** で、「ばらす、あかす」という意味があります。

▶ Don't **let on** that you know me.
　（私を知ってることは秘密にしてください）
▶ She didn't **let on** that she liked me.
　（私を好きだということを、彼女は知らせてくれなかった）

長い間会っていない相手の状況を真剣に尋ねる時には、**How are you getting on?**（いかがお過ごしでしょうか？）という表現を使います。

take on は、「誰かを相手にする」という意味です。I'll take you on anytime.（いつでも相手になってやる）などと言ったら、ケンカを引き起こすかもしれません。また、**keep on** で、

「何かをし続ける」という意味になります。

▶ Hakuho **took on** Harumafuji.（白鵬が日馬富士に挑んだ）
▶ She **kept on** talking.（彼女は話し続けました）

work on という表現は混乱しやすいかもしれません。「何かを直す」「何かをする」のどちらの意味にもなるからです。

▶ I'm **working on** my car.（車を修理しています）
▶ I'm **working on** this report.（レポートを書いています）

ただし、補足もなく I'm **working on** my computer. などと言われた場合は、どんな状況なのか把握しかねます。これだけでは、何通りにも解釈できてしまうからです。

ネイティブはこう言っている！

It's on me this time.　今回は私がおごります。

Don't let on that you heard it from me.
　私から聞いた話だとは、誰にも言わないでください。

I hope he'll be on time.　彼は間に合わないかも。

Is there anything interesting on?
　何か面白い番組やっている？

Let me help you put that on.　それ取り付けるの手伝いますよ。

You'd better keep it (your coat) on.
　コートは着たままのほうがいいですよ。

all は「全部」で全部じゃない!

Not at all.（どういたしまして）
all の意味は"全部"だけじゃない。簡単に見えて実は混乱しそうな表現も。

---

all には「全て」という意味があります。例えば、I ate all the cake. と言えば、「ケーキは全部食べてしまいました」ということです。また、店で買い物をした後、会計のためにレジに並べば、店員はおそらく、Will that be all? あるいは Would that be all?（それで全部ですか？／お探しの品は全て見つかりましたか？）と言うでしょう。

しかし、all の意味はこれだけで"全部"ではありません。買い物の場面を使ってもう少し all について話を進めてみましょう。

さて、買い物を済ませ、たくさんの荷物を抱えて店を出ようとすると、誰かがドアを開けてくれました（アメリカでは防犯上、出入り口が自動ドアになっていない店舗がたくさんあります）。お礼を言うと、中には **Not at all.** と返答する人がいるはずです。

この場合の Not at all. は、You're welcome. 同様の意味があり、「全然ない」という意味ではありません。この表現は、「少しも感謝に値することはしていません」、つまり「どうい

たしまして／礼には及びませんよ」という意味になるのです。しかも、両者を比較すると、一見丁寧そうに見える You're welcome. よりも、無愛想な表現に思える Not at all. のほうが、実はより親しみが感じられるのです。You're welcome. と言うと、時として「まあ、当然でしょう、こんなことは」というような、やや形式ばった、そっけないニュアンスを伴うことがあります。

ただし、Are you hungry?（お腹すいた？）と尋ねられた時に Not at all. と言えば、「全く〜ではない」ということを表す「少しもすいていません」という意味になります。

簡単ながら、混乱を招きやすいと思われる表現に、**I'll be all right.** があります。何か問題や悩みの渦中にある時に、I'll be all right. と言えば、「私は大丈夫です」という意味になります。では、誰かがあなたに、Would you like me to take you to the airport? と尋ねた時に、I'll be all right. と返答したら、どうでしょうか。これは、「空港に連れて行ってもらう必要はない」と断る意味になります。

単に、**All right.** という表現もよくご存じでしょう。「いいよ／わかったよ」という意味ですが、イントネーションの置き方で「はい、わかりました」「気は進まないがやります」というように、ニュアンスが異なってくるのです。また、頼み事などをされた時に、Yes. と同様の意味で「はい」という返事として使うこともできます。

また、会話では頻繁に以下のような使い方をします。

A : Did you see that armadillo lying on the roadside?
(沿道に倒れてたアルマジロ見た？)

B : Yeah, he's dead **all right**.
(ああ、動かなくなってたな)

この例文では、all right が dead を強調する形を取っているものの、このように日本語には訳しにくい場合もあります。

ネイティブはこう言っている！

I'm not feeling well at all.　すごく具合が悪いです。

I have no regrets at all.　これっぽっちも後悔していません。

I'm not at all interested.　全く興味はありません。

This is not at all what I want.
　私の頼んだものとは全然違います。

I don't care at all.　どうでもいいです。

Don't worry. It won't hurt at all.
　大丈夫。少しも痛くないですよ。

That movie was all right.　あの映画はまあまあでした。

If you take this medicine, you'll be all right.
　この薬を飲めば、よくなりますよ。

Is this proposal all right with you?
　この提案でよろしいですか？

Is it all right if I leave early?　早退しても構いませんか？

with が表現する人間関係のいろいろ

I'm with you. （あなたの言うことはわかるわ）
フクザツな人間関係も、with を使った表現でバッチリ乗り切ろう！

---

　with は基本的に「一緒」という意味です。例えば、I'm going with you. と言えば、「一緒に行きます」という意味です。一緒でない時なら I'm going without you.（あなたを置いて出かけます）。I'm going with or without you. という表現では「あなたが一緒でもそうでなくとも、私は行きますよ」という意味になります。

　しかし、混乱を招きやすい表現もあります。

　英語で細かく相手に説明しなければならない時などに、相手の反応が今ひとつだと、込み入った事情のせいなのか、それとも自分の説明の仕方が悪いのかと思案することがあるかもしれません。それを察した相手は、あなたの顔をのぞき込み I'm with you. とひとこと言うでしょう。あなたと一緒にいる…？　はて？　実は「あなたの言うことは理解できている」という意味です。

　誰かと一緒に行くというつもりで、I'm going with her. と言う方がいますが、これでは文脈によって、「彼女と一緒に行く」「彼女と付き合っている」という2通りの解釈ができてしまいます。

ところで、お付き合いしている人と別れたいという時に、I'm going to break up **with** you. という表現が使われますが、この with を"一緒"と考えてしまったら混乱します。この場合はあなた"と"別れるという意味になります。

こう言っても相手は引き下がらず、What's wrong **with** me? と言うかもしれません。これは「私のどこが悪いの？」という意味で、with は"私に関して"ということです。

それとも、あっさりと Good. I'm done **with** you.（よかった。君とはもう終わりだよ）と言うかもしれません。

やれやれ、これで2人の関係は終わったと思っていたら、相手のほうから関係を修復したいと申し出てくることもあるでしょう。あるいは、あなたのほうから相手に働きかけますか？ いずれにしても、そんな時は思いやりを感じさせる言葉を使いたいもの。ここでは without を使ったふさわしい表現があります。

▶ I can't go on **without** you.
　（あなたなしではこの先やっていけない）
▶ I'm nothing **without** you.
　（あなたがいないとだめなのです）
などがそうです。

あなたの思いやりある言葉にもかかわらず、相手が I want nothing to do **with** you.（あなたと関わるのはもうごめん）などと言うかもしれません。くれぐれも、What's wrong **with** you!?（あなたは何でそんなにだめな人間なんだ）、What's with you?（あなたって変だよ／普通じゃないよ）などと逆切れして相手を責めたりしないでください。"元の鞘に収まる"はずが、"元の木阿弥"になっては困りますから。互いに I want to get back with you, too.（私も仲直りしたい）と言い合って、全てがうまくいくように願っています。

ネイティブはこう言っている！

He came with me. 　私と一緒に来ました。
Did you talk with him today? 　今日彼と話したの？
I can't keep up with you. 　ついていけません。
Let's take this with us. 　これを一緒に持っていきましょう。
I like it without anything on.
（ハンバーガーやホットドッグのトッピングなどは）何もつけないのが好き。

this が「状況」を表すこともある

This and that.（まあ、いろいろとね）
誰でも知っている this でも、完璧に使いこなすのは意外に難しい！

this の意味はおわかりでしょう。

- What's this?（これは何？）
- Where's this?（これはどこにある？）
- Why's this?（何でこうなの？）
- How's this?（これはどう？）
- When's this?（これはいつ？）

という具合に「これ」という意味を表します。

this は名詞の前に置くことができ、その名詞をはずすことができます（代名詞）。例えば This book is interesting. という表現で、this が指すものが本であると明らかにわかっている時は、単に This is interesting. と言うことができます。

では、This and that. という表現がどんな意味かわかりますか。

買い物に出かけてスイカなどを選ぶ時、店員が **This or that?**（これがいい？　それがいい？）と尋ねるかもしれません。そのような時は This one. とか That one. と返答します。

さて、最初の質問に戻りましょう。誰かが What have you been doing? と尋ねたので、**This and that.** と答えました。この this も that も状況を指します。つまり、「ばたばたしててね／まあ、いろいろとね」という意味になるのです。ほかにも状況を表す例として、

- I don't believe **this**.（この状況が信じられない）
- How did **this** happen?
  （どうやってこんな状況になったんだ）

▶ **This is nothing.**（この状況は大したことない）
▶ **I'm sorry about this.**（こんな状況で申し訳ない）
などがあります。

　教師が教室から席を外し再び戻ってきたところ、生徒が騒いで大変でした。そんな時は **What's all this?**（何だこの騒ぎは？）という表現を使います。

　現在アメリカでは、ラス・ベガスに行かなくても、どこでもギャンブルが可能です。中毒になる人もたくさんいますから、社会問題化しています。例えば、スーパーのレジを抜けると正面に宝くじの機械が置いてありますし、コンビニエンス・ストアにもその場で結果がわかる宝くじがあります。購入者のそばを通る時、**This time.** という独り言が聞こえてくることもあります。これは、「今度こそ」という意味です。負けてばかりの人は This time. と言って次回を期待し、勝った人も This time. と言ってより大きな賞金を当てようと、中毒になってしまうのでしょうか。

ネイティブはこう言っている！

This is good. これおいしいね。
This isn't what I needed. （必要なのは）これじゃなくて…。
This is mine. 私のです。
I hope this will help. 役に立つといいのですが。
I don't think this is a very good idea.

それはちょっとどうでしょうか。
I'll take this one.　これをいただきます。

---

it は重要な人物やモノを指す

You have it.（君にはカリスマ性がある）
では、ゲームの最中に You're it. と言われたらどんな意味？

　ゲームやトランプをしている時、外で子供たちが遊んでいる時などに、**You're it.** という表現を使っているのを耳にしたことがありますか。この場合、it は日本語で言うところの「鬼」にあたります。つまり、「君が（ゲームの）鬼だよ」という意味です。

　it には肯定的な意味もあります。それどころか、昨今では大きな意味を持っています。**You have it.** という表現は一見「それを持っている」という単純な意味であることも確かですが、「カリスマ性がある」という誉め言葉にもなります。アメリカでは毎年誕生するモデル業界のスターを **the it girl** と呼んでいます。

　話題にしている人物やことがらを相手がちょうど口にした時には、思わず「そう、それだよ、それ」などと言いますね。英語でもほぼ同じで、**That's it.** という表現を用います。これ

も短い表現ですが、状況により、意味が変化します。

　誰かが飲み物を注いでくれている時には、「そこまででいいです」ということですし、教師が生徒に That's it for today. と言えば、「今日のところはこれで終わりです」を意味し、店員に Will that be all? と声をかけられた時の返答として使えば、「それで全部です」という意味になります。

　また、怒って **That's it!** と言えば、「もう我慢も限界だ」という意味にもなります。また、**That does it!**（もう結構！／もう我慢できない！）という表現もあります。ただし、**That's not it.** と否定の形にすると単に「探しているのはそれじゃない」という意味になります。

　You did it! という表現も、状況と話し手のイントネーションの置き方で2通りの意味が生じてきます。悪い結果が出た時に怒りを込めて言えば、相手を非難する「君のせいだよ」という言葉になり、テストなどでよい成績を取った時にこう言えば「よくやったね」という意味になります。

　You had it coming. で、「当然（の報い）だよ」という意味の表現です。悪いことが起こった時に使われる場合が多いですが、よいことが起こった場合にも使われます。

　電話が鳴った時に、かけてきた相手が誰であるか知っている時や、手紙や荷物の宛先が自分であるとわかっている時は、**It's for me.**（それは私のです）という表現が使えます。自分が取ったものの、宛先が別の人だった時は、It's for you. （あ

なたにです）と言えばよいのです。

ネイティブはこう言っている！

Could you do it?　そうしていただけますか？

What is it?　それ何？

Where did you find it?　どこにあったの？

（注：ずっと探していたものを、やっと見つけた時に）

This is it.　まさにこれだ。

That's it, I give up.　もういいや、諦めよう。

about 上手は気配り上手！

When?（いつなんだ？）
About when?（いつごろ来るの？）
ぶっきらぼうなひとことも、about を使って、より気配り上手な表現に！

　about という単語の意味については、既によくご存じでしょう。ここでは、

① It's **about** two o'clock.「およそ／だいたい」
② What is this book **about**?「…について」
③ I'm **about** to leave.「もうちょっとで」

という主な3つの意味についてお話しします。

　いずれも、やさしいと思うかもしれません。しかし、状況

によっては扱いにくいと感じることがあるでしょう。

　まず初めは、「だいたい／およそ」という意味の用法です。実はこの about が、「だいたい／およそ」という意味を持つだけでなく、文意を柔らかく表現するのにも役立つことをご存じでしたか？

　例えば、What time will you come? というフレーズを取り上げてみましょう。これは、こちらを訪問する予定の相手に、「何時にいらっしゃいますか？」と、来訪する時間を尋ねる表現です。しかし、これだと「時間ぴったりに来るんですよね？」という指示のように聞こえることがあります。

　ところが、この例文の頭に about をつけて **About what time** will you come? とすると、「だいたい、何時ごろ来ますか？」という意味になり、相手に時間の余裕を与えることになるのです。

　また、短くひとことで When? と言って、来訪時間を聞くこともできますが、これでは「いつなんだ？」という非常にぶっきらぼうなニュアンスが出てしまいます。これも **About when?** とすることで、「いつごろ来るの？」というソフトな表現に変わるのです。

　簡単なことのようですが、このような表現を知らないために、相手に気配りに欠けると思われてしまっていることはありませんか？

2番目は、例文 What is this book **about**?（この本、何について書いてあるの？）のような意味での用法です。しかしながら、I've heard so much **about you.** という英文を見て、即座に（〈あなたの〉お噂はかねがね伺っております）という日本語に訳すことができますか？　日本語では、about をとにかく「…について」と訳しがちですが、英語ではそれをあまり意識させないことのほうが多いのです。多くの方々がこのような文に遭遇する時に、about の難しさを実感するのではないでしょうか。

3番目は、「もう少しで…する」という意味での用法です。ここで特に注意していただきたいのが否定形にする時です。
about to... を否定形にして not about to... にしても、「もうちょっとで…しない」という意味にはなりません。**not about to...** で、**「…する気はいささかもない」**という強い否定を示唆する、全く異なる意味になってしまうのです。
　例えば、I'm **not about to** leave. という表現なら、「立ち去る気はさらさらない」という意味になります。

ところでこれは余談ですが、日本語で時々、「彼ってアバウトな人なのよね」というような言い回しをする方がいます。これを英語で何と言うかわかりますか？　ちなみに、そのまま英語に直して、He is about. と言っても全く通じません。この場合、日本語の「アバウト」に近い「いい加減だ、ずさ

んだ」という意味を持つ sloppy を用い、He is sloppy. というような表現にする必要があります。このように、日本語には、本来の英語にはないニュアンスで使われている単語がかなりあります。

ネイティブはこう言っている！

About when will you come?　いつごろ来ますか？
What about this idea?　こんなのはどうでしょう？
I'm thinking about quitting.　やめようと思っているんです。
I'm not about to go.　行くつもりなんてないよ。
I heard something about him.　彼の秘密を知っています。

（注：ここでの something は「重大なこと」という意味）

have のさまざまなニュアンスを理解しよう

I have got a new stereo.
（私は新しいステレオを持っている）
I've got... と言うと、I have... よりも、くだけたニュアンスになる。

---

have は主に、所有、関係などを表します。

- **Have** a good time.（ごきげんよう）
- I **had** a bad day.（辛い一日でした）
- I **have** a lot of work.（仕事がたくさんあります）

32

▶ I don't have much interest.（それほど興味はありません）

また、行動や経験についても示すことができます。
▶ I'm going to have a meal.（食事します）
▶ We're going to have a birthday party for him.
（彼の誕生日のパーティを開きます）

have got という句を使った表現を見たことがあると思います。have と have got の違いがわかりますか。実は、以下の例ではどちらも全く同じ意味です。got がついても過去を表すことはありません。have got はくだけた言い方になります。
▶ I have a new stereo.（新しいステレオを持っています）
▶ I've got a new stereo.（新しいステレオを持っています）

have to... は、「…しないといけない」という意味です。ただし、「したくはないが、しなければならない」というニュアンスがあります。
▶ You have to help.（助けないとだめですよ）
▶ I have to talk to him.
（〈彼と話したくないけど〉話さなければいけない）
▶ Do I have to?（〈どうしても〉やらないとだめですか？）

和食に疎いアメリカ人の友人を寿司店へ招きました。友人はこわごわとネタを見ています。そんな時に、You have to

33

try this.（ぜひお試しください）と言う場合は、「しなければならない」というニュアンスはなく、「…しないと損だよ」という意味で、面白そうなものに誘う時の表現になります。

▶ You **have to** go to Kyoto.
（ぜひ京都に行ってみてください）

What do you have? は、「あなたは何を持っていますか？」という意味のほかに、状況によって、いくつか異なる意味が生じます。会議などで隣の人間にこう言えば、「あなたの考えは？」ということですし、食事や飲みに行く前に友人にこう言えば、「いくら持ってる？」という意味になります。

ちなみにアメリカ英語とイギリス英語では、have の使い方に若干違いがあります。例えば、「入浴する」と言う場合、アメリカ英語では、I'll take a bath. ですが、イギリス英語では I'll have a bath. となります。

また、同じ表現でも異なる解釈がなされる場合があります。She had a flat (tire) near Route 5. という例文はアメリカでは、「ルート5（フリーウェイ）のそばで車がパンクした」という意味ですが、イギリス英語では、「ルート5のそばにアパートを所有していた」という意味になります。

ネイティブはこう言っている！

You can have this.　持っていてもいいですよ。

I'm having a good time.　楽しいな／うれしいな。

Have a try.　１回やってみたら。

Have fun.　楽しんでね／じゃ。

I have to wait.　待たないと。

---

will と **be going to** は大違い！

Will do. (はい、ただいまやります)
Will you kill me? と言われた強盗が、立ち去ったのはなぜ？

　学校で英文法について学んでいた時のことを思い出してみてください。Will you go? もしくは Will you come with me? という例文は「未来」について表していますか？　それとも「依頼」でしょうか？　混乱してきましたか。でも嘆くことはありません。アメリカ人にとっても少々やっかいなのですから。

　会話においては、アメリカ人は主に、**Will you...?** を「依頼」の時に使い、**Are you going to...?** を「未来の動作」について語る時に使います。

　こんな噂話を聞きました。ある日本人のＯＬがアメリカのホテルに滞在していました。ちなみに、英語ではＯＬと言っても女性の会社員という意味にはなりません。英語で「女性の会社員」は office worker もしくは office employee と言い、office lady などとは決して言いません。これは、アメリカ社

会で gender（性別）による差別が完全に排除されているためです。

本題に戻りましょう。

その女性の部屋に突然、強盗が押し入ったというのです。驚いた彼女は思わず **Will you** kill me? と叫びました。

もしこの強盗が日本人に英語を教えている教師だったら、彼女が本当は何を言いたかったのか悟ったと思いますが、この強盗は「私を殺して」と解釈しました。本来ならば、**Are you going to** kill me? と言うべきでした。しかし、哀れだと思った強盗は、女性に危害を加えることなく部屋から立ち去ったそうです。

will はまた、**willing** という形にして形容詞として使うことができます。例えば、**I'm willing to help.** という表現があります。辞書や参考書では「喜んでお手伝いします」という解釈が多いようですが、実は「やりますが、ただし…」というニュアンスがあるのです。「喜んでお手伝いします」なら I'd love to help you. や I'd be glad to help. などを使うほうがよいでしょう。

頼み事を受けた時に Yes. と同じ意味で、**Will do.** と言うことがあります。

A : Could you take this to the bank?
　　（これを銀行に持って行っていただけますか？）

B : **Will do.**（はい、ただいま）

　これには Yes. と返事するよりも、気取らず親しみのこもった響きがあります。

ネイティブはこう言っている！

Will you ask her?　彼女に尋ねてくれませんか？
Are you going to ask her?　彼女に尋ねるつもりですか？
Will you wait for her?　彼女を待ってもらえる？
Are you going to wait for her?　彼女を待つつもり？
I think it'll be easy.　簡単でしょう。
I'll let you know.　後ほど連絡します。
I think we'll have enough time.　時間は十分にあるでしょう。
When will she come?　彼女はいつ来ますか？

---

one を使って、数えられるものを代用する

That's a good one.（だまされないぞ）
only one は「たったひとつ」。では one and only はどんな意味？

---

　one は数えられるものの代わりとして使われます。例えば、

A : **Which one** is your dog?（お宅の犬はどれですか？）
B : **The one** with the red collar.
　　（赤い首輪をつけているのがそうです）

A : Can I borrow your cell phone?
（携帯電話を借りたいんだけど）
B : I don't have one.（そんなの持ってないよ）

他の人が持っているキャンディのように、数えられる食べ物などを自分にも分けてほしい時にも、Can I have one?（〈ひとつ〉もらっていい？）という表現が使えます。

買い物に出かけて、いくつかある中から商品を選ぶ時には、I'll take that one.（あれをいただきます）、Give me that one.（あれをください）といった表現を使います。

あるいは店員のほうから、How about this one?（これはどうですか？）と尋ねてくるかもしれません。

One shouldn't ask for too much.（1人でそんなに欲張るな）というように、one は人を指すこともあります。やや古臭いので、会話では You shouldn't ask for too much. と言うほうが自然です。

It takes one to know one.（お互いさま／そう言うあなたこそ）という格言がありますが、言い争いをした時などによく使われます。

One thing's for sure.（絶対と言えることがある）、One thing for sure is that her popularity will either go up or down.（ひとつ確実に言えることは、彼女の人気は上がるか下がるかしかないということ）は、ほぼ直訳通りです。

誕生日を祝うさいの Happy birthday! **Have a good one.** は「お誕生日おめでとう！　よい一日を」という意味になります。

　一方、**That's a good one.** という表現は「それはいい」という意味ではなく、相手の話がどうもうますぎる、自分をかつごうとしているのではないかと感じた時に皮肉を込めて使われます。実際には「だまされないぞ」のニュアンスです。

　最近は1台でプリンタ、ファックス、電話、コピーまでこなしてしまう gadget（便利な機械）がありますが、これを **all in one** と表現します。また、「本物」と言う時には **one and only** という表現を使います。

ネイティブはこう言っている！

There's only one way to do this.
　これをこなす方法はただひとつ。
I think I'll get one.　ひとついただこうと思います。

---

if は、はぐらかしたい時に使える

It's iffy.（わからないなぁ）
確信がない時の返事には、iffy を使えば OK。

---

　if は、通常「もし」と訳されています。これはご存じでしょう。例えば、

A : Are you going?（あなたは行きますか？）
B : **If you go, I'll go too.**
　（もしあなたが行くなら、私も行きます）
といった具合です。

　Yes. と No. をはっきり伝えるとよく言われるアメリカ人ですが、もちろん即答を避けることもあります。そんな時に会話の中でよく使われるのが、「わかりません／どうしようかな／まだ決めていません／条件次第です」などを意味する **iffy** という形容詞です。見慣れないつづりだと思われたかもしれませんが、よく見ると if を変化させたものだということがおわかりでしょう。

　アメリカ人に Are you going? というような質問をする時は、**It's iffy.**（わからない）と返答するか注意深く耳を傾けてみてください。

　If I can. という表現も、誘いを受けて決断しかねている場合に使われます。

A : We're going fishing on the weekend. Why don't you come with us?
　（週末、釣りに行くんだけど、一緒に来ませんか？）
B : **If I can.**（ええ、まあ）

　仕事の同僚、あるいはサークルの仲間が、Are we going to have a meeting today?（今日はミーティングをやりますか？）

と尋ねました。It's iffy.（わかりません）と返答したところ、**I would if I were you.** と言われました。これは相手に物事を勧める（奨励する）表現で、「…してはどうですか？」という意味になります。「私（があなたの立場）ならそうしますね」という仮定法を使った表現です。単に、**I would.**（そうしたら？）と言うこともあります。

　誘いを断ったり、希望に添えない時も、if を使った **I would if I could.** という表現で辞退することができます。これは、「ご希望に添えなくて申し訳ありません」という意味です。また、英語的な歯切れの良さがあり、多少気取って聞こえる **I would if I could, but I can't.**（そうしたいのはやまやまですが、ご希望に添えなくて申し訳ありません）という表現もあります。

　誘いや招待を受ける時、例えば、Would you like a piece of cake?（ケーキをおひとついかがでしょうか？）などと尋ねられれば、**I don't mind if I do.**（はい、いただきます）と返答することができます。

ネイティブはこう言っている！

I'll go if I have time.　時間があれば行きます。
Let me know if you can come.　来られたら連絡ください。
If it's okay, I'd like to go.
　問題がないようでしたら、退出したいのですが。
Let me know if you have an idea.
　よい考えがあったら教えてください。

If I have time.　時間があったらね。

I'll see if he's right.　彼が正しいかどうか調べます。

I don't know if he's interested.

彼が興味を持っているかどうかわかりません。

コラム column

日本語の直訳でも通じる英語

　日本語を直訳するだけで通じてしまう英語もあります。いくつかご紹介しましょう。

頭が割れるような痛み　head-splitting pain

　He felt head-splitting pain.

ハートを盗む　steal someone's heart

　He stole her heart.

火に油をそそぐ　add fuel to the fire

　Please don't add fuel to the fire.

死活問題　a matter of life and death

　This is a matter of life and death.

爆弾発言　a bombshell statement

　The prime minister made a bombshell statement.

赤字　in the red

　We are no longer in the red.

第六感　a sixth sense

I have a sixth sense for these things.

底をつく　hit (rock) bottom

The economy has hit (rock) bottom.

冷静さを保つ　keep cool

No matter what happens, please keep cool.

うまい話（甘い話）sweet talk

I don't believe his sweet talk.

穴場　a hole in the wall

I know this little hole-in-the-wall restaurant.

up をマスターすればグンと会話力アップ！

Up in the air. （神のみぞ知る）

Don't get up. は「そのままで」、Don't wait up. は「先に寝て」の意味。

---

up には増加する（させる）という意味があります。

- The salesperson tried to **up** the price on me.
  （販売員が値段を吊り上げようとした）
- That bank **upped** its rate today.
  （あの銀行が今日利率を上げました）

また、up には上る、起きるという意味もあります。

▶ The sun is not **up** yet.（まだ日の出前です）
▶ He is **up** at six every morning.
（彼は毎朝6時に起床します）

　仕事の関係などで昼夜が逆転している方はいませんか。そんな時は **Up all night, sleep all day.** のひとことで、生活のルーティンが表現できます。

　ただし、**Don't get up.** という表現には注意してください。「起きるな」という意味だけでなく、「そのままでいいです」という意味にもなるのです。

▶ Please **don't get up.** I can do it.
（どうぞそのままでいてください。私がやりますので）

　仕事などの量が増えすぎて身動きが取れなくなることはよくあります。正に首まで浸かってあっぷあっぷの状態です。英語ではI am **up to my neck** in work. という表現を使います。

▶ Scott didn't do his homework this weekend. Now he is **up to his neck** in homework.
（スコットは今週末は宿題をさぼりました。そのため宿題が山のようにあります）

　役所の手続きが煩雑なのは日本もアメリカも同じです。ある友人は申請のための書類を全て揃え、もれなく記入し、弁護士を通じて役所に提出しました。自分でやれることは全部やりました。しかし不安なので、弁護士に結果がどうなるか

尋ねたところ、**Up in the air.** というひとことが返ってきただけでした。これは「はっきりとしない」という意味で、「神のみぞ知る」というニュアンスで使います。

think up で「考え出す」という意味です。妙案はないかとみんな額を寄せ合い We have to **think up** some ideas. と言っています。するとそこへ、仲間の1人が素晴らしい考えを持ち込んできました。驚いた1人が思わず、How did you **think that up**?（どうやってそのアイディアを思いついたの？）と言いました。

自分の歩くスピードと相手が合わないと困りますね。他人のことなどお構いなしにぐんぐん進んで行く人には、**Wait up!**（待ってよ！）と言いたくなります。ところでこの表現、否定にすると意味が異なってきます。**Don't wait up.** で、「先に寝て」という意味にもなるのです。

ネイティブはこう言っている！

What's up?　やあ調子はどうだい？

（注：かなりくだけた表現。よほど親しい間柄でない限り使わないほうが無難）

It's time to get up.　もう起きる時間です。

I don't want to give up.　諦めるのはいやです。

You're making that up.　それはあなたの作り話です。

It's up to you.　あなた次第です。

no と断るばかりじゃ「能」がない！

No way!（とんでもない！）
No. と言うだけでは角も立つ。だから、スマートな断り方を覚えよう。

　アメリカ人は、Yes. と No. をはっきりさせるとよく言われています。しかし、いつもそうとは限りません。アメリカ人も、直接 No. と言うのを避け、婉曲な表現を使っています。

　例えば、昼食に誘われた時に No. と言うだけでは非常に礼に欠けます。これを **Nah.**（ナー）とするだけでも、とげとげしさが減少します。くだけた言い方ですが、効果があります。

　また、**Nope.**（ノープ）という表現もあります。これもくだけた言い方ですから、フォーマルな状況にはふさわしくありませんが、No. と答えるよりも印象は和らぎます。

　No, I don't think so. という表現も避けたほうがいいでしょう。確信を持って No. と言う時であっても、より柔和な表現を用いたほうがよいかもしれません。ただし、強く否定する意向は保ちたいというのであれば、**No way!**（とんでもない／冗談じゃない）という表現が使えます。**Nothing doing!**（お断りだね／そりゃだめってもんだ）という言い方もできます。

　また No way! は状況によって、次の例のように多少意味が変わってきます。

A : Henry got a gold medal.（ヘンリーが金メダル取ったよ）

B : **No way!** (まさか)

　なお、すすめられた飲食物などを断る時には、**Nothing for me,** thanks.（私は結構です／何もいりません）という表現をよく使います。最後にお礼のひとことも忘れずに。

A : Would you like some dessert?
　　（デザートはいかがですか？）
B : **Nothing for me,** thanks.（結構です。お気遣いどうも）

　「他の人はどうだか知らないが、自分は…できない」というニュアンスの表現に、**Not me.** があります。これは「とんでもない／お断りします」という意味です。

A : Is there anyone who can work overtime today?
　　（今日、残業できる人はいますか？）
B : **Not me.** I have a date today.
　　（私はだめよ、今日はデートがあるから）

　何度直しても、故障を起こす車。大事な時に限って調子が悪くなることがあります。そんな時、アメリカ人は思わず **Not again.** とため息まじりにひとこと言うでしょう。これは「いい加減にしてほしいな」「まただよ〜」といったニュアンスです。
　修理のために、何度も同じ修理工場に車を持ち込みます。相手は笑顔で迎えてくれてはいても、心の中では、**Not you**

again.（またあんたか）と言っているかもしれません。

　アメリカでも、スポーツと根性には密接な関係があります。激しいトレーニング中には、しばしば **No pain, no gain.** と言って自分や仲間を鼓舞します。「苦労しなきゃ、進歩できないよ」という意味です。

ネイティブはこう言っている！
There's no way to know.　知りようがない。
There is no way out.　八方ふさがりですね。
It's nothing.　どうってことないです。
It's nothing to do with you.　君には関係ない。

time のネイティブっぽい使い方

We made good time. （いい調子で進んだね）
time を使ったネイティブらしい表現を、ここで一気にマスターしよう！

　「急がないでたっぷり時間を取ってください」という時に **Take your time.** という表現を使います。命令形になってはいますが、命令ではありません。
　恋人同士、あるいは夫婦で趣味が同じというのは実にうらやましいことです。趣味が異なると、近郊の巨大モールにシ

ョッピングなどに出かけた時などに、しばしば悲劇が起こります。私の知人は、いつもこのために奥さんとケンカになるとぼやいています。彼の趣味は、音楽。ですから、Tower RecordsやGuitar Centerなどに入れば、小一時間は動こうとしません。一方、彼の奥さんは台所用品（ウイリアムズ・ソノマの製品の熱狂的ファン）や手芸に凝っています。彼女も、いったん台所用品店に入ると石のように動かないのです。

お互いにしびれを切らしてIt's about time to go. と言い合っても、You said, "Take your time." (ゆっくりでいいよ、って言ったじゃない) と譲りません。これがそのうち、Are you going home or what? (どうするんだ？　家に帰るのか？) と辛辣な言葉を浴びせ合って、ケンカになってしまうんだそうです。

待ち合わせ場所を決めて別行動を取ればよいではないかと思われたことでしょう。しかし、アメリカ人にとって週末に夫婦が共に時間を過ごすということはとても大事なことなのです。知人夫婦の場合、特に奥さんがこれにこだわっているそうで、たとえケンカになっても別行動はできないと嘆いていました。ですから、彼は夫婦で趣味が同じというのは実にうらやましいと言っています。

試合などの途中に日本では「タイム！」と言います。英語ではTime out! です。

またアメリカでは、言うことを聞かない子供に対して、親

や教師が「頭を冷やしてこい」という意味でよくこの表現を使います。

テストを受けている時などに教師が生徒に対して終了時間が来たことを告げる時は **Time's up!**（はいそこまで！）と言ったりします。

日本人は、時間を尋ねる時に **What time is it now?** と言う人が多いようです。しかし、ネイティブにとって、このひとことはちょっと混乱を招きます。この前にも時間を尋ねていて、再び「今は何時になったか？」と尋ねるような時の表現だからです。「今何時？」と尋ねるつもりで **What time is it?** という表現もよく使われますが、ネイティブはこれもあまり使いません。それでは何と尋ねるのが最も自然で一般的なのでしょうか。正解は **Do you have the time?** です（71ページのコラムも参照）。

時間を尋ねる時に注意してほしい表現があります。「何時ですか？」と言うつもりで、**Do you have time?** という表現を使って、怪訝な顔をされたり、無視された経験がありませんか。それは相手が不親切だったのではなく、この表現に問題があるからです。

time に冠詞が付かない Do you have time? という言い方は、「ちょっと時間ありますか」という意味で、販売員や娼婦がよく使うものなのです。

短時間でもいいからぜひ会って話をしたいという時には Do

you have any time today?（今日いくらかでもお時間はありますか？）と言ったりします。

　あなたの周囲にいつも忙しい、忙しいと口癖のように言っている人がいますか。本当にそうなのかは別として、四六時中忙しいと言う時は **I never have time.** という表現を使います。
　交際を申し込んで **I need time.** と言われたことはありますか。これは「今決断できない」「考える時間をください」という意味で、女性がよく使います。

A : I think about you all the time.
　　（いつもあなたのことを考えています）
B : Me, too.（私も）
と言い合う仲になれるといいですね。

　共同の仕事やプロジェクトが、予定した日時より早く完成することがあります。そんな時には **We made good time.**（いい調子で進んだね）と言ったりします。

　大事な仕事などで、どうしても時間ぴったりに集合したい時があります。そんな時は、Be sure to be on time.（遅れないように）という表現が使われます。時間通りに到着しなければならないと言う時は I have to be on time. となります。時刻を指定するときは、Be sure to come at 8:00 am.（午前8時ちょうどに来るように）と言います。

51

It's about time. を直訳すれば「もうそろそろ時間だな」ですが、実は「全く何やってるんだ」というイヤミが含まれています。

ネイティブはこう言っている！

I'll try to make some time.　時間が作れるよう努力します。
Have a good time.　それでは、ごきげんよう。
I don't have any time.　全く時間がない。
We're out of time.　もう時間がありません。

Here. だけの傲慢な言い方は嫌われる！

Here, boy.（ほら、こっち来い！）
Here, boy. などという言い方で、給仕を呼んでいませんか？

アメリカのレストランに出かけたある日本人の男性が、テーブルにつき、早速メニューを見て注文するものを決めました。そこで、給仕に向かって Here, boy. Here. と言って呼んだのです。ところが、呼ばれた給仕の態度は大変冷たく、食事を頼んだ後のサービスもひどいものでした。いったい、男性客のどこが悪かったのでしょうか。

実はこの男性、**Here, boy.** が、アメリカでは専ら犬を呼び寄せる時の表現だということを全く知らなかったのです。も

し Excuse me. と言って給仕を呼んでいたら、ずっと楽しい食事の時間を過ごせたかもしれません。

アメリカのファストフード店では、店員はみな機械的で一様に早く喋るので気をつけてください。注文が済んだら、**For here or to go?**（店内でお召し上がりですか、それともお持ち帰りですか）と尋ねてきます。店内で食べるなら **(For) Here, please.** 持ち帰りなら **To go, please.** とそのままオウム返しに返答します。

探していた物が見つかった時などには、**Here it is!**（あったよ！）という表現が使われます。Here it was! と、日本語を直訳したような過去形にしないように気をつけてください。Here it was. だと、「おかしいな、以前は確かにここにあったはずなんだが」というニュアンスが出てしまいます。

飛行機などの長旅で目的地に着いた時に **Here we are.**（着いたね）と言います。また、パーティなどに誰かを連れて行った時に、**Here she is.**（連れてきたよ）という表現を使います。これには「お待ちかねの」という意が込められています。

相手に何かを手渡す時に、**Here you go.** とひとこと添えると、「はい、どうぞ」という表現になります。親しみがこもるので、無言で手渡すよりずっと印象がよくなります。

また、列車が出発する時などには、**Here we go.**（出発進行！）と言ったりします。ただし、この表現を使う時は気をつけてください。Here we go の後に again を付け **Here we** go again. と言ってしまうと、すぐに不平や不満を言い出す相手に対して使う「またか？／また始まったか？」という意味の表現になってしまいます。

ネイティブはこう言っている！

Here I am.　来ましたよ。
Here, this is for you.　はい、これどうぞ。
I like it here.　ここが気に入りました。
I need you here.　ここへ来てほしいのですが。
Can you come here?　来られますか？

whatで生意気に思われないように！

What of it? （何かご不満でも？）
よく使われるのに意外と知らない、what の使用法をご紹介。

　最も頻繁に使われる what の用法の1つが、文章を質問の形にすることです。**What?** というひとことだけで、驚いた時やショックを受けた時の「何ですって？」という意味になります。
　疑問の形で多用される what ですが、遠慮に欠け、怒りを含んだニュアンスを持つことがあります。誰かを攻撃しているように聞こえることがあるのです。例えば、**What do you know?** というひとことをまくしたてるように言えば、「何もわ

かっていないくせに」という意味になります。しかし、イントネーションを弱くすると、上品な「あら、何て不思議なんでしょう」という意味に変化します。

What are you doing? という表現も、イントネーションによってニュアンスが異なってきます。What are you doing? とそのまま言えば、怒りを含んで聞こえることがありますが、**Whatcha doing?** と liaison（連結して発音＝リエゾン）すると親しみが出ます。例えば次の例を見てください。

▶ What are you looking at?（何を〈じろじろ〉見てるのよ？）
▶ **Whatcha** looking at?（何見てるの？）
▶ What are you trying to do?
　（何しようっていうのよ、あんた！）
▶ **Whatcha** trying to do?（何かやっているの？）

カジュアルな状況で **What for?**（なぜ？／どうして？）という表現もよく使われます。主に男性が使う表現です。しかしビジネスシーンで、上司が用事を頼んだ時に、What for? と返答したら、生意気なだけでなく、「やりたくないね」と言っているように聞こえます。Why? あるいは What's the reason? と言うほうがまだましです。どうしても納得できないという場合でも、できれば Could you tell me why? と言うほうが無難です。

自分が大したことではないと思っていても、相手の気分を

55

害していることがあります。

A : Your feet are on the table.
　　(君、テーブルに足をのせているじゃないか)
B : **What of it?** (何かご不満でも？)
A : You'll scratch it. (傷が付いてしまうよ)

　まあ、これは極端な例ですが、**What of it?** という表現は「文句でもある？／だから何なの？」という意味です。

　同じような意味の表現に **What's it to you?** というひとことがあります。

A : I don't want you to wear that shirt.
　　(君、そのシャツなんとかならんかね)
B : **What's it to you?** (あなたには関係ないでしょう)
A : It doesn't look businesslike.
　　(仕事にふさわしいとは思えんのだよ)

お気づきのように、非常に生意気なニュアンスがあります。

　店に行くとよく **What can I do for you?** という表現を耳にすると思います。「いらっしゃいませ」という意味です。ところが、診察のため病院に行っても、医者がこれと同じ言葉を使います。その場合は「どうしました？」という意味です。

ネイティブはこう言っている！

What's that for?　それどうするの？
What's in it?　何が入ってるの？

You what?　え？／何だって？
What's wrong?　どうしたの？
What went wrong?　どうしておかしくなったんだろう？

any を使えたら一人前！

Anyone can do it. (誰にだってできるよ)
any をきちんと使えれば、あなたの英語力は、よりネイティブに近づく！

　any がきちんと使われている例はあまり見たことがありません。ましてや、anyone、anywhere、anything のような形になっている場合はなおさらです。つまり、多くの日本人にとってこれらを使いこなすのは難しいということでしょう。しかし、だからといって無視するわけにはいきません。まず、
▶ I can't wait **any** longer.（もうこれ以上待てない）
▶ I don't have **any** money.（お金が少しもない）
▶ This watch isn't **any** good.（この時計は少しも良くない）
という例文を見てください。ここでは、「少しも…でない／できない」という最も基本的な意味で使われています。

　それでは、Would you like **any** sugar?（砂糖はいかがですか？）のような文で、any はどのような働きがあるのでしょうか？　もちろん、Would you like sugar? と言うこともでき

ますが、any を付け加えることで、より積極的で丁寧に聞こえるようになります。日本語では、「少量でも、必要なら砂糖を持ってきましょうか？」という感じです。

このほかにも、any が付くことで積極的に聞こえる例文をいくつかご紹介しましょう。

▶ Please let me know if you need **any** help.
（少しでも助けが必要な時は、遠慮なくお申し出ください）

▶ I would do **anything** for you.
（どのようなことでもいたします）

▶ Is there **anything** you need?
（必要なものがありますか？）

気をつけてほしいのは、使われる状況により any がネガティブなニュアンスを持つ時です。

例えば、Didn't you do **anything?** と言えば、「（何もしないで）傍観していたのですか？」という意味になりますし、You don't know **anything**. と言えば、「君は少しもわかっていない」という意味になります。

また、**Anyone can do it.** のように、形は平叙文であっても、「誰にだってできます／（そんなことは）簡単です」という否定のニュアンスが出る表現もあります。

I didn't do anything. という表現も、実は混乱しやすい例ではないでしょうか。なぜなら、この表現の持つ意味が、使わ

れる場面や状況に大きく依存するからです。

例えば、叱られた時などに使えば、「私は少しも悪いことはしなかった」という意味になりますが、花瓶など壊れやすい物のそばを通り、それらが突然割れてしまった時には、(私ではありません/壊れるようなことは何もしていません)という意味になります。

また、相手がこちらに感謝の意を表した時に、返答として使えば、「何も特別なことをしたわけではありません」という意味になります。この場合、I didn't do anything to deserve your appreciation.(あなたに感謝されるようなことは何もしていません)と謙遜しているわけです。

ネイティブはこう言っている！

You can have anything you want.
　好きなものは何でも手に入ります。
Let me know if anything happens.
　何かあったら、教えてください。
Is there anything I can get you?
　〈他に何か〉ほしいものはありますか？
Can anyone do it?　誰かやってくれませんか？
You don't do anything.　あなたは何もしないじゃないか。
Anytime tomorrow is fine with me.
　明日ならいつでも構いません。

So? でイライラ気分を表せる

How so?（何でそうなるの？）
彼女から So this is it? と書かれた手紙が届いた…。さて、この意味は？

　恋人とケンカしてしばらく連絡が途絶え、これはもう終わりだなと思っていた時に、彼女のほうから、So this is it? とだけ書かれた手紙をもらったことがあります。重要なのはこの一節が疑問文だったということで、「まだ終わりじゃない。やり残していることがある。あなたはどうする？」というニュアンスを感じ取り、相手がこちらからの働きかけを望んでいると悟りました。これがもし So this is it. という平叙文なら、「もはやこれまで。2人に未来はない」という意思表示だったと思います。

　相手の話に関心を示す時に、**Is that so?**（へえ、そうなんですか）という表現があります。イントネーションの置き方で、関心の度合いが変化します。驚いた表情で感情を込めて言えば、「ええ⁉　本当に？」という感じですが、さらりと言えば「あっそ」という相槌です。

　So do I. は、「自分も同じ意見だ」ということを伝えるための短い表現です。

A : I want a piece of pie.（パイがほしいな）

B : So do I.（私も）

可もなく不可もなくという意味を持つ So so. という表現もよく使われます。これは「まあまあ」というニュアンスです。
A : How's your new teacher?（新しい先生はどう？）
B : So so.（まあまあってところ）

直接の理由というより、相手が導いた結論の筋道について尋ねる時は How so? という表現を使います。これは「何でそうなるの？」という意味です。

相手に一通り説明し終わりましたが、あなたの説明が今ひとつ的を射ていなかったのか、相手の反応が鈍いようです。おまけに少々いらだっています。どうしようかと思っていたあなたに相手がひとこと。So?（で？／だから〈何〉？）

頑固な友人・知人・同僚・上司を説得するのは骨が折れます。しかも、大事な話に限って融通がきかないものです。こうしないと大変ですよ、などとちょっとおどしても、**So be it.**（そう言うのならそれで結構だ）のひとことで片づけられてしまうことも多々あります。

「いろいろやりたいことがあるけれど、時間がなくて」と言う時には、So..., so little time. という表現が使えます。例えば、「観たい映画がたくさんあるが時間がない」と言うのであれば、So many movies, so little time. となります。

テレビやラジオのニュースで、アナウンサーがよく **or so they say** と言います。これは（…だそうです／…だと言われています）という意味です。

▶ The local official says the number of injured people eventually hit 300, **or so they say**.
（現地政府の発表によりますと、怪我人の数は最終的に300人に上ったということです）

ネイティブはこう言っている！

So I see.　なるほど、それは言われなくてもわかります。
So what?　だから何なの？
So, what do you think?　で、どう思う？

back ひとつで田舎に帰る

Going home.（家に帰る）
Going back home.（田舎に帰る）
誰かにカチンときたら、Take it back! こんなフレーズも使えます。

---

back は、「以前の状態に戻ること」「なされた動作の反対方向、あるいは反対の状態への動き」を示します。

例えば、I sat in the **back** of the room.（部屋の後ろのほうに座った）という場合の「後ろ」、You scratch my **back**

62

and I'll scratch yours.（互いに助け合おうじゃないか〈君が僕の背中を掻けば、僕が君の背中を掻くよ〉）という時の「背中」、I'll pay you **back** tomorrow.（明日借りたお金を返します）という場合の「返す／戻す」の意味があります。

「返す／戻す」と言いたい時に注意していただきたいことがあります。例えば、This computer is damaged. I'm **taking it back** to the store. という例文は、「このコンピュータは不良品です。返品します」という意味です。しかし、これを I'm taking this computer to the store again. とは言いません。take と again を一緒に使っても、「返す」という意味にはならないのです。

ある少女が古着屋さんでTシャツを購入し、帰宅しました。非常に気に入ったので母親にも見せようと、早速袋から取り出すと、試着した時には気づかなかった穴が…。それを見た母親が **Take it back.**（返品してきなさいよ）とひとこと。

この Take it back. は、状況によって意味が変わってきます。例えば、さらに母親が I don't know what you were thinking.（何考えてんだか）だの、You are a bit careless, aren't you?（不注意なんじゃない？）と小言をぶつぶつ、カチンときた少女も同じように、Take it back! と言い返します。こちらは「返品する」という意味ではなく、「ちょっと、それは言い過ぎじゃない？／今の発言、取り消してよね」という意味です。

娘の言葉に思わず興奮してしまった母親は、**Don't talk**

back to me! と、またも back を使った表現で言い返すかもしれません。親が聞き分けのない子に、あるいは反抗的な生徒に業を煮やした教師がこう言っている状況が目に浮かびましたか。「言い返すのはやめなさい」、つまり「口ごたえは慎みなさい」という意味です。

I'm going home. あるいは I'm going back home. という2つの表現を用いる時に、非常によくあるミスがあります。職場や学校で、同僚や友人と別れる時に、「帰宅する」というつもりで I'm going back home. と言うのをしばしば耳にしますが、これでは「故郷へ帰る」という意味にもなってしまい、混乱します。単に「帰宅する」ということを伝えたいのであれば、I'm going home. という表現を使います。

ネイティブはこう言っている！

I have a backache.　腰痛があります。
I'd like a seat in the back of the plane.
　飛行機の後部座席に座りたいです。
Get back!　離れて！　危ない！
I'll get back to you on that.　その件、後でお返事いたします。
Get off my back!
　うるさいな！（注：直訳すると〈私の背中から降りなさい〉）
What time will he get back?　彼は何時に戻りますか？
Can I have my book back?　本を返してくれる？

May I...? は幼稚な表現!?

You may be right. (君は正しいと思うよ)
may に隠された、意外なニュアンスについて知っておこう。

多くの方々が May I...? という表現をご存じだと思います。店舗などでは、May I help you? / How may I help you? という表現を使って、顧客を迎えています。

ところが、これがやや子供っぽく聞こえることがあります。アメリカの子供は、この表現を丁寧な依頼として教えられるのですが、大人が使うとちょっと不自然に聞こえたりします。

例えば、バリバリのビジネスパーソンが上司に向かって **May I ask a question?** などと尋ねたら幼稚に聞こえます。その場合には、**Can I ask a question?** あるいは **Do you mind if I ask a question?** といった表現を使うほうが自然です。

また日本の学校では、「…してもよろしい」という意味で may を使うと教えているようですが、これも注意が必要です。例えば、**You may go.** と言われたら、母親が子供に行ってもよいと許可を与えているように聞こえます。

通常の会話では、may はほとんど「…かもしれない」という推測を表します。

▶ **I may be wrong.** (間違っているかもしれない)

ほかには、依頼するのは避けたいものの、そのような状況が高い確率で起こりそうな場合、I **may** have to ask you for help.（援助をお願いしなければならないかもしれません）という表現を使います。あらかじめ話し手にこう言えば、後で何かを依頼しても相手を困惑させることはあまりないでしょう。

　時間があまりない時は、We **may not** have enough time.（時間ないかも）という言い方をします。

A : Let's go to a French restaurant for lunch.
　　（昼食はフランス料理店に行こうよ）
B : We **may not** have enough time.
　　（そんな時間はないんじゃないかな）

　may は be と組み合わせて **maybe** にし、未来について確信がないことを表すこともできます。また、maybe はしばしば文頭に付きます。丁寧な依頼の表現としても使えます。例えば、

▶ **Maybe** we could talk.
（お互いに話をしたほうがいいでしょう）

▶ **Maybe** you should do it.
（あなたがやったほうがいいんじゃないですか）

　会話の中では単独で **Maybe.** あるいは **Maybe so.** が頻繁に使われます。「たぶんそうなんだろうな」という意味です。話の内容に漠然と同意する時や、多少不審な点はあるものの、自分にも確信がない時に使われます。

A : Are you coming to the party tomorrow?
（明日パーティに来る？）
B : **Maybe.**（たぶんね）

　maybe が文末に付く時（会話の中でのみ）には、強い疑惑を表します。
- I'm right, **maybe.**（正しいと思うんだけどなぁ）
- I can do it today, **maybe.**（今日できるはずだけどなぁ）
- He likes her, **maybe.**（好きなんじゃないのかなぁ）

　Maybe I should... あるいは **Maybe we should...** という形もよく使われます。相手の意見を求めるニュアンスがあり、「…しようかな」という意味になります。
- **Maybe we should** try it.（やってみようかな）
- **Maybe I should** tell him I'm sorry.（謝ろうかな）

ネイティブはこう言っている！

May I do it?　そうしてもいいですか？
May I have a little more time?
　もうちょっとお時間をいただけますか？
You may be right.　君は正しいと思うよ。
You can have it, maybe.
　取っておいてもいいと思うんだなあ。

I do. で上品さをアピール！

Will this do?（これで間に合いますか？）
Yes. の代わりに I do. と答えるだけで、ぐっと品よく聞こえる！

I do. というのは、最も短い英語の文章の1つですが、これが持つ力は大変大きいものです。それが証明されるよい例が結婚式です。

教会で挙げる結婚式には、みな威厳を持って臨みます。結婚とは神の前で約束する儀式だからです。

Do you promise in obedience to God to always love each other without change, in health and sickness, and to stay faithful to each other...?（健康な時も病にある時も、常に互いを愛し貞節であることを、神に従い約束しますか…？）という問いに対し、新郎も新婦も Yes. という意志を示す時には I do.（約束します）と答えます。これは、I promise, before God and the church.（神と教会の御前に約束いたします）と言うべきところを短くした表現です。

もちろん、この I do. は神聖で厳かな状況以外でも、しばしば使われています。例えば、Who wants to go fishing?（釣りに行きたい人は？）と問われた時に、I do.（僕／私）と言いますし、また誰かに、Do you like pizza?（ピザは好き？）と尋ねられた時、Yes. の代わりに I do.（はい）と答えると、

より前向きで品があり、自然な響きを伴う表現として使えます。Yes. と返事をすると、「ああ、もちろんだよ」というニュアンスがあります。

do はまた、感情に強くうったえたい時、あるいは違いをより明確にしたい時など、言葉を強調する時にも使います。

You do look nice today. という表現は、「今日は格別素敵に見えますね」という意味で、「よく見える」を強調しています。

また、I don't work out so much now, but I **did** play a lot of sports when I was younger. という表現なら、「今はそれほど運動はしないけれど、若かったころはたくさんスポーツをやりましたよ」という意味になり、「現在」と「若かった時」を対比しています。

do には、「役に立つ／使えそうだ」という意味もあります。

例えば、ドライバーを探していてナイフしか見つからなかった時、**This will do.** と言えば、「これでも何とか使えそうだ」という意味になります。

工具を買いに店へ行き、探している物とは違う道具を店員が持ってきた時に、This will do. を疑問文にし、**Will this do?** と言えば、「これで間に合いますか？」という意味になります。

Just do it.（つべこべ言わず、やりなさい）という表現も耳にしたことがあるでしょう。某スポーツ用品会社のスローガ

ンとして使われた言葉でもあります。ここには、「結果なんて気にするな。とにかく、ただやってごらん」というニュアンスが含まれています。

ネイティブはこう言っている！

I don't have time to do it.　時間がないからできません。

I think I can do it.　できます。

I'll see what you can do.　君ならできると思うよ。

Don't ever do that again.　２度とやらないで。

I can't do that.　お断りします。

Don't do that.　やめなさい。

I didn't do it.　私はやってません。

I didn't do anything wrong.
　何も非難されることはしてません。

I'm not done.　まだ途中です。

コラム column

Do you have time? で勘違い
冠詞はとっても重要！

　日本人の真由さん（仮名）がアメリカで留学生活を始めて間もないころの話です。車を持たない彼女は、ある日、ダウンタウンへ出かけようと停留所でバスを待っていました。

　現地に着いたばかりでまだ不慣れな彼女、隣で待っている男性に、どのバスもダウンタウンに向かうかどうか尋ねようと思いましたが、時計も cell phone（携帯電話）も忘れてしまったので、ついでに時間もその男性に尋ねてみました。すると、男性はすごい剣幕で、Get out of here, now!「あっちへ行け」と怒鳴りました。周りで待っていた他の人も彼女に冷たい視線を浴びせました。真由さんはいったいどんな間違いをしてしまったのでしょうか。

　実は彼女、「時間わかりますか」と尋ねたつもりで、Do you have time? という表現を使っていました。これは、街角に立っている女性が男性を誘う時の常套句です。ですから、ネイティブの男性には、彼女のような若い女性のひとことが「ねえおじさん、ちょっと私と遊ばない？」に聞こえてしまったのです。

　時間を尋ねる時には Do you have the time? と、the を付けて表現する必要があります。わずかな違いですが、とても大きな誤解を生んでしまいますから、女性は特に注意してください。

like を濫用すると、おバカっぽい!?

It goes like this. (こ〜んな感じ!)
「…な感じ」という曖昧な表現は、日米共通。使い方に注意しよう。

---

like には実に多くの意味があります。まずは、「好き」という意味で使われる表現を見てみましょう。
- I like it. (気に入りました)
- I like her better. (彼女のほうが好きです)
- I'd like to do it. (そうしたいのですが)

We'd like you to help. (あなたに手伝っていただきたいのです) という表現では like に「好き」という意味はありません。この表現が丁寧な依頼表現として使われているのをよく耳にしますが、日本語では丁寧でも、英語では高圧的で命令に近いニュアンスがあるので、使う時には注意が必要です。アメリカ人は、目上・目下に関係なく、相手に何かを依頼する時は疑問文を使うことが多いのです。ですから、Would you please help me? などという表現にするほうが無難です。

相手に、自分の達成した成果や結果などを誇示したい時は、**How do you like that?** (どんなもんだい／私っていい感じ?) とよく言います。

また、**Like it or not.** と言うと、「しかたがないよ」という

意味です。

It goes like this. この文は「このように行ってしまう」という意味ではありません。「こ〜んな感じです」というニュアンスの表現で、アメリカの teenager（十代の若者）がよく使います。説明の対象が人の場合は、He goes...（彼はこんなふうで…）とか She goes...（彼女はこんな感じで…）と言います。また、同じ意味で、I'm like... や He's / She's like... といった表現も非常によく使われます。教養がある大人と思われたいなら、あまり使わないほうがよいかもしれません。

また、上司に仕事のやり直しを命じられ、再提出した時に「思い描いているもの／期待している水準にさらに近づいた」ということを伝えたいなら、**That's more like it.** という表現が使えます。

likely は、「ありそうな、起こりそうな」という意味の形容詞です。

A : Do you think we'll miss the train?
　　（列車に乗り遅れるかな）
B : It's **likely**.（その可能性は大きいですね）

I don't think that's **likely**. と否定の形にすれば、「それはありえないと思う」という意味になります。**Not likely.** と縮めることもできます。

▶ That's not **likely**.（そんなことあるかなあ）

とても便利な表現を1つお教えしましょう。相手に何かを説明している時に焦点がずれてしまった、ニュアンスが少々異なってしまった、ということはありませんか。そんな時には、文章の最後に **Something like that.** とひとこと付け加えておくと、「まあ、そういった感じです」と、内容を曖昧にすることができます。もっとも、大事な会議やプレゼンなどでは使わないほうがいいのは言うまでもありません。

ネイティブはこう言っている！

I don't like to wait.　待つのは苦手です。
Do you like it?　お気に召しましたか？
I don't feel like it.　そんな気分ではありません。
He looks just like you.　彼はあなたにそっくりです。
I'm like you.　私も同じです。

there の意外な言い回しを覚えよう！

Been there, done that.
（同じ経験をしたので、お気持ちはよくわかります）
一見簡単そうな there を使った表現には、意外なものもたくさんある。

子供が小さな怪我をして泣きながら母親のもとへ駆け込んできました。母親は **There, there.** と言うかもしれません。「ま

あまあ」とか「ほらほら」といった意味ですが、ネイティブ・スピーカーにもはっきりした意味はわかりませんし、その意味について考えることもありません。恐らく、There's no need to cry. というような表現から生じたものだと思います。

多くの方が there は here の対義語だと学んだと思います。間違いではありませんが、異なる意味がたくさんあります。例えば、**I've been there.** という表現は、このままだと2通りに解釈が可能です。「そこに行ったことがある」という意味と、「同じような経験をしたことがある」という意味です。どちらの意味で使われているかは、会話の内容や文脈によって判断することになります。

「私も同じ経験をしたので、気持ちはよくわかりますよ」という意味で、**Been there, done that.** という表現があります。完了形の I've been there.（私も経験したことがある）という表現に I've done that. を省略した形で付けたものです。

長い間会っていなかった友人と久しぶりに再会する時は、**There you are!** という表現を使います。歓迎の意味でも使われますが、状況次第で「お待ちしてました！／来た来た！／こんなところにいたのか」という表現になります。Here you are! と言っても同様です。

携帯電話で通話が途切れたりして、大事なところで聞こえなくなってしまったら、思わず **Are you there?** と言ってしまいます。これは「もしもし、聞こえる？」という意味です。

時々、何をしてあげても感謝しない人がいますね。付き合うのがおっくうになりますが、そういう人間にも愛を持って接することができる人がいることもまた事実。そういう人は何も見返りを求めず、変わらず親切にしてあげるのです。相手から **There is that.**（それはありがたいね）とイヤミたっぷりに言われるだけだと知りながら。

　目を離すと何をするかわからない、困った子供が身の回りにいますか。そんな時は、**There is no knowing** what that kid's going to do.（あの子は何をしでかすかわかったもんじゃない）と言ったりします。

　また、相手にボールなどを投げる時には **There it goes.**（そら投げるぞ）と言うことがあります。

ネイティブはこう言っている！

Is there a better time?　他に都合のいい時間はありますか？
Is there enough time?　時間ありますかねえ。
There's no time now.　今は無理／後でやりましょう。
There's not enough time.　そんな時間はないですよ。
This is the best there is.　これは最高のものですよ。

who を使った「どなた?」のいろいろ

Who's there? (だ、誰だい…? そこにいるのは)
Who are you? には「お前は誰だ?」という傲慢なニュアンスがある。

　日本語では、ふくろうが鳴く時は Ho-ho-ho と言います。しかし、英語ではサンタ・クロースの笑い声なのです。英語ではふくろうが鳴く時は Who-who-who となります。

　who は「誰」という意味です。例えば、I don't know who is who. という表現は誰が誰だかわからないという直訳通りの意味です。

　訪問者にドアをノックされたり、呼び鈴を押された時に **Who is it?**(どなたですか?/誰?)という表現が返答として使われます。ところが、「どなたでしょうか」という意味で **Who are you?** という表現が使われているのをよく耳にします。しかしこれでは「お前は誰だ?」と言っていることになります。初対面でこう尋ねられた人は驚いてしまいます。

　訪問者がドアをノックした時は **Who's there?** という表現も避けたほうがよいでしょう。なぜなら、この表現は「人の気配を感じるものの、本当に人がいるのか定かでない」場合にしばしば使われるからです。暗い部屋などに入って行く時、そこに誰かが隠れていそうな時の **Who's there?**(だ、誰だい?〈そこにいるのは〉)というニュアンスで、ホラー映画などで

よく使われている常套句です。

　その昔、日本でもディスコが大ブームになりました。週末に限らず weeknights（平日の夜）でも、六本木界隈のディスコはどこも満員でした。今はもう存在しないある店には、閉店時刻欄にひとこと **Who knows?** とだけ書いてありました。これは「誰にもわからないよ」という意味です。

A : I don't think anyone will buy that kind of thing.
　　（あんな物、誰も買いはしないよ）
B : **Who knows?** Maybe Ted will.
　　（そんなことは誰にもわからないよ。テッドが買うかもしれないし）

　日本人は議論下手だとよく言われます。すぐに感情的になり、論理的に話が進められなくなると。しかし、これは日本人に限ったことではありません。アメリカ人にもこういう人はいます。とにかく、自分の意見に反対されると、すぐに腹を立てるような人は困りものです。

　このような人たちが感情的になった時に決まって使うのが **Who cares?** というひとことです。疑問文の形になってはいますが、質問ではありません。「どうだっていいよ、そんなことは」という意味です。この言葉が出たら、コミュニケーションを放棄したということです。

ネイティブはこう言っている!

Who wants to come?　来たい人は?

Who should I ask?　どなたに聞けばよいでしょうか?

Who broke this?　壊したの誰?

Who can come?　誰が来られますか?

Who did you talk to?　誰と話したのですか?

I don't know who to believe.　誰を信じればよいかわからない。

---

get は「ゲットする」だけで OK?

I got a job. (仕事をゲットしちゃった)
ただし、I got you. には「話にひっかかったね」という意味もある。

　get は非常に多くの表現で用いられ(フォーマルな文章では避けられてしまうことが多々ありますが)、最も順応性のある言葉の1つです。

　最近の日本では、「ゲットしちゃおう」などという言葉遣いが定着しています。さて、この一見奇異な"日本語"ですが、実は意外にも、部分的には正しい解釈がなされています。get には「〜しちゃう」というニュアンスがあるのです。例えば、**I got sick.**(病気になっちゃった)、**I got a job.**(仕事をもらっちゃった)という具合です。

　I got you. を、「あなたと結婚しちゃった」という意味で使

えないこともないのですが、よく「こっちの話にひっかかったね」という表現として使われます。また、**Gotcha.** (= Got you.) と縮めることもあります。どちらも、I'm kidding.（冗談だ）と言うのと同じです。

A : I'm going to quit my job.（仕事をやめることになった）
B : You what?!（何だって!?）
C : I got you.（冗談だよ）

また、**Get out of here!** は「ここから出て行け！」という意味だけでなく、「冗談でしょう？」という意味でもよく使われる表現です。こちらは You're kidding. と同じ意味になるのはおわかりでしょう。

A : I just saw Bill Gates walking down the street!
　（ちょうど今、ビル・ゲイツがそこを歩いてたの見たよ！）
B : **Get out of here.**（冗談だろ）

Got it. という短い表現があります。いったいどんな意味でしょうか。"it" は相手が話題にしていることを指し、それが「理解できている」という意味です。

A : Get it?（わかった？）
B : Got it.（わかった）

Aが現在形を使っているのに対し、Bは過去形で答えていることに注目してください。

I get it. は、単純な問題が瞬時に理解できた時に使う表現で、「なるほどね／わかった／わかるよ」という意味です。それに

対して過去形の **I got it.** には、長い間、頭を悩ませていた問題が解けた時の「わかった！」というニュアンスがあります。また、電話などを取り次いだ時に、「私が取りました」の意味でも使われます。

誰かが冗談を言っても、その"オチ"がわからない時は、**I don't get it.**（わかんないよ）と言うことができます。行動している相手の論理や理由／動機などが不明な時も、I don't get it. とよく言います。

A : Jack is going to quit his job even though he loves it.
（ジャックは仕事が好きなのにやめるそうです）
B : **I don't get it.**（何でだろうね）

I don't get it. は、気の合う仲間内などで使われるくだけた表現で子供がよく使いますが、大人が冗談で使うと茶目っ気が出ます。

Got me. と言う場合はどうでしょう。これは質問の答えにつまった時に使われる表現で、「さあ、ちょっと（わからない）…」という意味です。I don't know. と素っ気なく返答するより、ユーモラスなニュアンスが出ます。

ネイティブはこう言っている！

Could you get that for me?　あれをとっていただけますか？
I'll get it.　私が出ます。(注：来客の時や、電話が鳴った時)
You've got to try this.　とにかく試してごらんよ。

We've got to try harder.　もっと頑張らないとだめだ。

see は「見る」だけじゃない!

Don't you see? (わからないの?)
Do you see? は「見えますか?」というより「わかりますか?」の意。

　夜空を見上げていると、ちょうど流れ星が見えました。意外だったので、隣の友人にも見たかどうか尋ねようと思いました。こんな時には、**Did you see that?**（今の見た?）という表現が役に立ちます。

　相手の言っていることが理解できない時に、日本語で一時「話が見えない」という表現が流行しました。これをこのまま英語にしたような **Do you see?** という表現も、日常的によく使われています。もちろん「見えるか?」という意味ではなく、「わかりますか?」と尋ねています。**Don't you see?** と、否定形にすると、「わからないのですか?」という意味になります。

　Let me see. という表現もよく耳にするのではないでしょうか。これには「見せて」という意味のほかに、「ええと…（ちょっと考えさせて）」という意味もあります。

A : I just got some pictures developed.
　　(ちょうど写真を現像してきたところです)
B : **Let me see!** (見せて)

A : What is the square root of 121?（121の平方根は何？）
B : **Let me see.**（ええと…）

　既知の相手を招く時に **Come see me.**（おいでください）という表現が使われます。家族一緒の時は、**Come see us.** と言います。

　クラスの中に騒がしい生徒がいるのはどこでも同じですが、アメリカでは大勢の目の前で叱ることはまずありません。注意しても聞かない生徒に対して、先生は **See me after class.**（授業が終わったら私のところに来るように）とよく言います。

　相手に何か用事を頼まれ、「協力します」という意思表示をする時に **I'll see what I can do.**（できる限り尽力しますよ）という表現がよく使われます。会話では、See what I can do. と縮めることも可能です。このフレーズには、いやいやではなく前向きなニュアンスがあります。

　また、**We'll have to see about that.** という便利な表現があります。状況によって「今にわかるさ／考えておきましょう／それはできない相談だ」の3つの意味で使われます。

A : I think your idea is wrong.
　　（あなたの案は間違っていると思いますね）
B : **We'll have to see about that.**（今にわかるよ）

　友人がある映画を観て絶賛していました。ぜひ観るべきだ

83

としつこく言われたので観に行ってみました。ところが、ちっとも面白いとは思えませんでした。友人は早速、It was a great movie, wasn't it?（すごくよかったでしょ？）と尋ねてきました。こんな時には、**I've seen better.**（大したことないよ）と言えばよいのです。

ネイティブはこう言っている！

I see what you mean.　言いたいことはわかります。
I'd like you to see this.　これを見ていただきたいのですが。
I'll see if I can do it.　できるかどうかやってみましょう。
Let's see what happens.　どうなるのか見てみましょう。
Come and see me anytime.　いつでも会いにきてね。

just は正義！

Just give it your best.（ただ全力を尽くせ）
「まさにジャストだね」を、That is just. と言っても通じません！

　do の項（68ページ）で、Just do it! というスポーツ用品メーカーのスローガンについてお話ししましたが、just には何が起ころうとも心配するな、成功しようが失敗しようが、「ただ行動すればよい」という意味があります。命令形の直前に just を加えた場合、「他のことを気にしないで、ただやればよ

い」という意味になります。

Just give it your best. という表現には、「理屈は無用、ただ全力を尽くせ」というニュアンスがあります。つまり、「とにかく精一杯やってごらん」という意味です。

このほかに、
▶ **Just** keep on trying.（ただ努力し続ければいいんだ）
▶ **Just** try harder.（もっと頑張れよ）
▶ **Just** try to come.（なんとか来てください）
などと言うこともできます。

動詞の直前に just を加えると、「たったそれだけ」、あるいは「ちょうど今〜をした」というニュアンスが加わります。「たったそれだけ」という例をいくつか挙げてみましょう。
▶ I **just** like him.（私はただ彼が好きなだけです）
▶ We **just** don't want to do it.
　（ただそれをしたくないだけです）
▶ It **just** happens.（ただそうなっただけです）
　一方、「ちょうど今〜をした」という例には、
▶ He **just** came.（ちょうど今やって来た）
▶ I **just** got here.（ちょうど今ここに着きました）
▶ I **just** said that.（ちょうどそう言いました）
などがあります。

just about という句にすると、「もう少しで〜する」という

ニュアンスになります。例えば、

▶ I just about saw it.（もう少しで見えるところだった）
▶ I just about told him.（もう少しで話すところだった）
▶ I just about made it.（もう少しで達成するところだった）

などの表現があります。

I was just about to go. と言えば、「ちょうど今出ようとしてたところ」という意味です。また、話し手に先を越された時は、

▶ I was just about to do that!（今やろうと思ってたのに！）
▶ I was just about to say that!（同じことを言おうと思ったのに！）

といった表現が使えます。

余談ですが、時々「それは、まさにジャストだね」という言葉を耳にします。「全くその通り」とか「どんぴしゃ」という意味で使っているようですが、英語で That is just. と言ったら、「それは公正です」という意味になってしまいます。「それは、まさにジャストだね」と言いたいなら、**That's exactly right.** とすればぴったりくるでしょう。

ネイティブはこう言っている！

I just know I'm right.　自分が正しい（という勘がある）。
We were just talking about you.　噂をすれば…。
This is just right.　ちょうどいいです。

I just don't care.　とてもかまってなどいられません。

I was just trying to help.　ただ助けようとしただけです。

how で「ひどい！」をバッチリ表現

How could you?!
（よくも私の人生を台無しにしてくれたわね！）
how を使いこなして、あなたの気持ちを適切に表現しよう。

---

　how は通常、人の気分や健康状態など、変化することがらについて尋ねる時に用いられます。例えば、

A : **How's Karen?**（カレンの様子はどう？）

B : She's fine.（いいですよ）

A : **How does Mary look today?**
　　（今日はメアリーの様子は？）

B : Tired.（疲れていますね）

　相手の感想を尋ねる時にも使います。
- ▶ **How was that movie?**（あの映画はどうでしたか？）
- ▶ **How's your pizza?**（ピザ〈の焼け具合〉はどうですか？）
- ▶ **How's the new school?**（新しい学校はいかがですか？）

　おなじみの挨拶の表現である How are you? は、実はあま

り使われていません。How are you? はカジュアル過ぎたり、逆に堅く形式ばって聞こえたりして、両極端になる傾向があります。ですから、よりくだけた親しみのこもった表現の **How are you doing?** をよく使います。相手の心身の状態をより知りたい時は、**How are you feeling?** です。

　部屋の飾り付けなどをしていて、相手に **How's that?** と尋ねれば、「これでどうかな？」という意味になります。また、**How's that possible?** と言うと、「えっ！　どうやって？」という意味です。例えば、

A : I bought this car for 20,000 yen.
　　（この車２万円で買ったんだ）
B : How's that possible?（どうやって？）
などと使われます。

　How's that again? だと、「え？　何だって？」という意味の表現になります。「それはどういうこと？　もう一度言ってください」というニュアンスがあります。

　How about that? と言えば、「どんなもんだい？／すごいだろう？」という意味になります。日本の相撲では、力士は感情を表に出さない poker face が尊ばれるようですが、How about that? という表情で花道を引き上げていく力士もたまにいますね。

　くれぐれもみなさんがこう言われないことを願いつつ、次

の表現をご紹介します。相手を強く非難する時に **How could you?!** という表現がしばしば使われます。これは「よくも私の人生を台無しにしてくれたわね！」という意味です。「どうしてそんな〈人生を台無しにするほどの〉ひどいことができるんだ」というニュアンスが含まれています。

ネイティブはこう言っている！

How about Italian?　イタリア料理はどう？
How about this?　じゃ、これはどう？
(注：提案を却下された後、もう1つ提案したい場合の表現)
How can that be?　何でそうなるの？
How did you do that?　それ、どうやったの？
How do you know her?　どうやって彼女と知り合ったの？

---

now で「うんざり気分」を表せる

What now?（今度は何なの!?）
言い争いをなだめる時に使える Now, now. これってどんな意味？

「今は〈忙しいから〉だめだ」という意味の、**Not now.** という表現があります。No. と同様、強く冷たく否定するニュアンスを含んでいます。用事を頼まれた時、物理的に忙しくなくても I'm busy now.（忙しいからお断り）と言うことがあり

ますが、この表現はそれと似ています。

ずっとわからなかったことが今わかったという時には、**Now I see.** という表現を使います。「なるほど」の意味です。また、相手の言うことが理解できずにいたが、その内容がやっと理解できた時には、**Now I'm with you.** とよく言います。「(あなたの言っていることが) ようやく飲み込めた」という意味です。

ただし、Now I see. は、聞き手不在の独り言としても使えますが、この Now I'm with you. は聞き手不在で使ったら変に思われます。

初めは乗り気でなかった相手が、話が進むにつれて、だんだんその気になってきた時に使われる表現に、**Now you're talking.** があります。「そう言うのを待っていた」というニュアンスがあり、相手が同意を示したことに対する喜びを表します。「おっ、乗ってきたね／そうこなくちゃ」という意味です。

逆に、何度も問題や悪い知らせを聞かされ、さらにまた新たな問題について知らされた時には、**What's the matter now?** という表現がよく使われます。「今度はどんな問題だ？」という意味です。短く **What now?**（今度は何？）と言うこともできます。双方の表現には、ともに「うんざりしている」というニュアンスがあります。

You've done it now. と言えば、「今度はできましたね」と

いう意味ですが、誉めるというより皮肉が込められています。

約束の時間が過ぎたのに、待ち合わせた相手がなかなか来ません。もうそろそろ来てもいいはずだ、という時には He should come **any moment now.**（もうすぐ来るでしょう）というひとことが使えます。また、「今が絶好のチャンス」という時には **Now or never.** という表現を使います。

Now, now.（まあまあ／よしなさい）は、親が子供を軽くたしなめる時や、争いに割って入り、双方に和解を促す時に使われます。

ネイティブはこう言っている！

Now I understand.　やっとわかりました。
What did you do now?　今度は何をしでかしたんですか？
Now is a good time.　今でもいいですよ。
Now's not a good time.　今はちょっと忙しくて無理です。
I want you to do it now.　今すぐにやってほしいのです。
I don't have any time now.　今は少しも時間がありません。

make をマスターして語彙力倍増！

Go ahead, make my day!
（面白いじゃねえか、やれるもんならやってみな！）
ただし、デート後の友人に Did you make out? とは言わないように…。

---

make は、使われる状況によって意味が大きく異なってくる言葉です。まずはよく使われる表現から見ていきましょう。

▶ Can you **make** me some cookies?
（私にクッキーを焼いてくれますか？）

▶ He **made** her cry.（彼は彼女を泣かせてしまった）

▶ I can't **make** the CD player work.
（その CD プレイヤーを使えるようにすることはできない）

後の2つの表現は、みなさんが英文法の授業で習った「…させる」という意味の make です。

なお、make の後に myself や yourself などが付く表現は、その後ろの動詞は過去分詞形になります。注意してください。

▶ I don't speak much Spanish, but I can **make myself understood**.
（スペイン語はあまり話しませんが、なんとか言いたいことは言えます）

▶ He had to shout to **make himself heard**.
（耳に届くよう大声で叫ばなければなりませんでした）

92

親に反抗する聞き分けのない子供や、先生の言うことを聞かない生徒が、**You can't make me.** という表現を使います。これは、「絶対にいやだよ」という意味です。

A : I want you to clean your desk.（机をきれいにしなさい）
B : You can't make me.（やなこった！）

満員のバスや電車から降りる時に、**Make way.** という表現が使われることがあります。「道を作ってください」、つまり「道をあけて」という意味ですが、あまり礼儀正しい言い方ではありませんから、Excuse me. と言うほうが無難でしょう。また、**I'll make way for you.** という形にすると、今度は自分が道を譲ることになり、「先に行ってください」という意味になります。

会社の同僚が営業やプレゼンなどでどこかへ出かけ、戻って来た時には、How did you make out?（うまくいきましたか？）という表現が使えます。また、乱筆の手紙などを受け取ったり、混乱するようなことを言っている話し手には、同じ make out を使って **I can't make this out.**（いったい何て書いてあるんだろう／何て言ったんですか？）と言うこともできます。

注意してほしい表現があります。Did you make out? といううひとことです。これはデートの後の結果、特に性的な関係

になったかを尋ねる時の決まり文句で「エッチしたのか？」という意味ですから、くれぐれも前述の How did you make out?（うまくいきましたか？）と混同しないように気をつけてください。

Go ahead, make my day. という表現をご存じですか。映画ですっかりお馴染みですが、なかなかわかりにくいフレーズです。**You made my day.** と言えば、通常は「うれしいことを言いますね」という喜びを表す表現ですが、Go ahead, make my day. の形になると、相手を挑発する「面白い、やれるものならやってみな」というニュアンスになります。

ネイティブはこう言っている！

You can make it.　できるさ／成功するさ。
You made it!　やりましたね！
What made him say that?
　彼は何であんなことを言ったのでしょうか？
I'd like to make it up to you.　この埋め合わせをしたいのです。

help をマスターすれば、ピンチの時も安心！

Would you give me some help?
（少々、お力をお借りしてもよろしいかしら？）
help が必要な時は、なるべく疑問文を使うように心がけよう。

困った時、面倒なことになった時、揉め事に巻き込まれた時、やみくもに Help!、あるいは Help me! と叫んでいませんか。状況に応じた適切な help の用法について見てみましょう。

買い物に出かけ、店で最初にかけられる言葉は、**Can (May) I help you?** という表現です。「助けてあげましょうか」という意味ではなく、「いらっしゃいませ／何かお探しですか？」という意味です。How can I help you? と言っても、同様の意味になります。

アメリカの grocery store（日用品、食料品売り場）は、巨大です。駐車場も店内移動用のカートも全てが特大サイズです。カート一杯に買い物をしたら、女性なら押すのも大変です。そのため、たいていの店では、店員が補助してくれます。助けが必要であれば、丁寧な依頼の **Would you give me some help?**（少々お力をお借りしてもよろしいかしら？）という表現を使えば、快く手伝ってくれるでしょう。

巨大スーパーマーケットに限らず、職場でもどこでも使えて、「遠慮がちに依頼をしている」というニュアンスを出した

95

い時には、**Would you give me a little help?**（ちょっと手を貸していただけますか？）という表現があります。目上、目下関係なく使える上、相手に選択肢を与えるので、受け手側の立場も考えた非常に便利な表現です。

できなければ相手は、**Sorry, I can't help you.**（すみません、お役に立てなくて）と言うでしょう。

I can't help you と大変よく似ていますが、**I can't help it.** と言う場合は、大きく意味が異なるので注意してください。この場合は、「しょうがないですね」という意味です。

A : Stop shaking.（震えるのやめてくれないかな）

B : **I can't help it.** I'm freezing cold.

（仕方ありません。すごく寒いんですよ）

I couldn't help it. と、過去形にした場合は、「仕方なかったんだ」という意味です。It を主語にして、It couldn't be helped. にしても同様の意味になります。現在形の It can't be helped. は、「しょうがないよ」に近い表現になります。

否定や仮定法が使われていると混乱することが多いようですが、その1つを見てみましょう。例えば、**Not if I can help it.**（そのようなことをする気はさらさらない）という表現です。これには、強い否定だけではなく、不快感も込められています。

A : Do you think John will beat you in the race?

（ジョンがレースであなたを負かすと思いますか？）

B : **Not if I can help it.**（そんなことはさせませんよ）

ネイティブはこう言っている！

I was just trying to help.　よかれと思ってやったんです。
It won't help anything.　何にもならないよ。
Thank you for all your help.　ご尽力に感謝します。
You've been so much help.　本当に助かります。
I'd like to help you if I can.　手伝えなくてすみません。
I need some help.　ちょっと手伝ってください。
Can anyone help me?　誰か手伝って。
Maybe I can help.　お役に立てそうですか。

コラム column

1つでいろんな意味を持つ単語

　単語の中には実に多くの意味を持つものがあります。このおかげで混乱してしまうこともあると思いますが、いろいろな場面で応用がきくようになりますから、前向きに考えてください。ここでは、みなさんが知っているもののほかに、特に意外な意味を持つ単語の例を挙げてみましょう。

word = 言葉／約束

　He gave me his **word**.（彼は私に約束した）

breeze = 風／簡単

This job is a **breeze**.（この仕事は簡単です）

can = 缶／解雇する

Jack got **canned** for lying to his boss.
（上司に嘘をついたため、ジャックは解雇されました）

crash = 壊れる／寝る

I'm going to go home and **crash**.（家に帰って寝る）

cross = 十字架／怒った

Why are you so **cross** today?
（なんで今日はそんなに怒ってんの？）

produce = 製作する／農産物

The tomatoes are in the **produce** section.
（トマトは農産物のコーナーにあります）

rat = ねずみ／告げ口する、裏切る

My best friend **ratted** on me.（親友が僕を裏切った）

kid = 子供／からかう

I wish you'd stop **kidding** me.
（からかうのはやめてくれないか）

loud = うるさい／派手な

This necktie is too **loud** for me.
（このネクタイはちょっと僕には派手過ぎるね）

jam = ジャム／困った状態

I'm in a **jam**. Can you help me?
（ちょっと困ってるんだ。助けてくれない？）

sport = スポーツ／いい人

George is a good **sport**. (ジョージはいいやつだよ)

toy = おもちゃ／いじる

Don't **toy** with my computer.
(僕のコンピュータをやたらにいじくりまわすなよ)

wash = 洗う／トントン（損益なし）

I bought some stock, but it was a **wash**.
(株を買ったけど、トントンだったよ)

well done は焼き加減だけじゃない！

Well done. (よくやった！)
ステーキの焼き加減、ウェルダン。実はこんな意味だった！

---

well は「よい」という意味です。よい成果を挙げた時には **Well done!**（やったね！／よくやった！）と言って誉めます。ところで、ステーキの焼き加減でも、しっかり火を通したものを well done と言いますが、この場合の done は cooked と同じ意味です。

健康状態がよい時は **I'm well.** と言いますし、悪い時は **I'm not well.** と言います。回復に向かっている時は well を比較級にした **I'm better.** という表現を使います。

人生上向き、仕事もうまくいって「暮らし向きがよい」と

いう時は **I'm well off.** というひとことが使えます。また同じ意味で **well to do** という表現に置き換えることもできます。

▶ Bill is **well to do**. (ビルは非常に裕福です)

反対にうまくいっていない時は、次のように言います。

▶ He is **bad off**. (経済的に苦しい)
▶ He is **worse off** than before. (前より羽振りが悪い)

子供が粗相(そそう)をした時に「しょうがないなあ／あらあら」という意味で、**Well, well.** という表現を使います。

また、「あなたのおっしゃる通りです」という時には **Well said.** というひとことがあります。

ところで、ネイティブの日常会話に耳を澄ませると、well が「ええと」という相槌として頻繁に使われていることに気づくでしょう。文頭には必ずこれを付けて喋る人もいます。ただし濫用すると、自信がなく、まるで何かを隠しているように聞こえますから、真似しないほうが賢明です。

言葉に詰まった時に、文頭に well を付けることができますが、他の目的もあります。文章を和らげるのにも役立つのです。例えば、相手の意見や考えに反対する時、I don't think so. と言うと、遠慮がないニュアンスを与えてしまいますが、**Well,** I don't think so. と文頭に well を加えることで、柔らかさが出てきます。

▶ **Well**, I'd better go. (さて、もう行かないと)

- **Well**, that doesn't seem right.
  (う～ん、それは正しいとは思えないのですが)
- **Well**, you need to be careful. (まあ、気をつけることだ)

　話を打ち切る、会話を終了することを知らせる時にも使えます。会話の途中で沈黙が生じてしまった時、あるいは電話で会話が途切れてしまった時などに、Weeell と伸ばして発音すると相手はこちらの意図を感じ取ってくれるはずです。

- **Weeell**, I'd better go now.
  (それでは、この辺にしたいと思います)
- **Weeell**, I'll talk to you later. (また後で電話しますよ)
- **Weeell**, I'll see you later. (それじゃ、また)

ネイティブはこう言っている！

You're doing well.　その調子。
I'm not feeling well.　体調が思わしくありません。
I hope you get well.　お大事に。
Get well soon!　早くよくなってね！
I did really well.　とてもうまくいったよ。
I didn't do very well.　できはあまりよくなかった。
You don't look well.　顔色が悪いよ。
Well, that might be interesting.
　そうだね、そいつは面白そうだ。

day を使って一日をふり返る

It wasn't my day. (今日は日が悪かった)
「行ってらっしゃい」「お帰りなさい」を英語で言うなら？

　日本では、「行ってきます」と「行ってらっしゃい」で一日が始まりますね。英語には、これらにぴたりと当てはまる表現はありません。強いて言えば、「行ってきます」は、I'm off. や I'll see you later. といった表現になるでしょう。

　「行ってらっしゃい」なら、**Have a good day (my dear).** や、子供に対しては、**Be careful.**（気をつけてね、のニュアンス）などがぴったりきます。

　一日を終えて帰宅すると、日本では「ただいま」と言います。でも英語にはこの表現もありません。あえて英語にすれば、I'm home. でしょう。実際には、こう言って帰宅することはまずないし、この表現だと「家に戻ったけど、誰かいる？」というニュアンスが出てしまいます。

　「お帰りなさい」はどうでしょう。これに相当する英語もありません。近いと思われるのは、**How was your day?**（今日はどうだった？）という表現です。この質問に対しても、day を使って返答できます。「きつい一日だった」「辛い一日」だったと言いたければ、I had a long day. という表現が使えます。「よい一日だった」のであれば、I had a great day. と言

えばいいのです。

また、「今日はいつもと違って、うまく物事がはかどらなかった」というのであれば、**It wasn't my day.**（今日は日が悪かった）と言うこともできます。

What a day! と、明るく大きな声で答えれば「何てついてる日なんだ」という意味になり、沈んだ声で答えれば「何てひどい一日なんだ」という意味になります。

一見簡単に思える day という言葉ですが、思いもよらない意味を持つことがあります。

会話では、**That'll be the day.** という表現がよく使われますが、これは直訳の「その日になるだろう」では全く意味をなしません。これで、「そんなことありえないよ！」という意味になるのです。しかもこの表現には、「そんなうまい話があるものか、実際に起こったら結構なことだ」という皮肉が込められています。

A：I won a Rolls-Royce!
　　（ロールス・ロイスが当たったんだよ！）
B：**That'll be the day!**（そんなことありえないよ！）

昔のアルバムを整理していて、ふと郷愁にかられたことはありませんか。若かりしころの写真を見て、思わず「昔はよかったなあ」とつぶやく…。そんな時には、**Those were the days.**（あのころはよかったなあ／あのころが懐かしいなあ）

103

という表現がぴったりです。

ネイティブはこう言っている！

I had a good day. 楽しかったです。
I don't have all day. ぐずぐずしないでください。
Let's call it a day. 今日はここまでにしておきましょう。
It's getting warmer day by day.
日ごとに暖かくなってきています。

wouldの文法にこだわらない攻略法

I wouldn't.（私だったらそんなことしないな）
実際によく使われる表現から、ニュアンスをつかもう。

「仮定法で用いられる would は難しい！」と嘆いている方もいることでしょう。文法から学ぼうとすると混乱しやすいかもしれません。ここでは文法にこだわらないで学んでいきましょう。

まず、**I would...** というひとことです。これは自分の願望を丁寧な表現にしてくれます。

▶ **I would** like to go.（そこへ行きたいものです）

一方、否定の形の **I wouldn't do it.** という表現は、「私だったらそんなことしないな」となり、若干ニュアンスが異なっ

104

てきます。この例では、it が起こりうる可能性は低いけれども、仮に起こったとしても自分はやらないというニュアンスが含まれています。**I wouldn't.** と短縮することもできます。

あなたの周りに、とにかく心配性で結果が出る前から失敗した、しくじったと騒ぐ人がいませんか。例えば、I know I failed the job interview.（どうせ面接は失敗だよ）という具合です。そのような人には **I wouldn't be so sure.**（決めつけるのはまだ早いよ）と言って励ましてあげましょう。

相手があなたに感謝し、報酬などを申し出た時、謙遜して断わる表現として、**I wouldn't think of it.** というフレーズがあります。

A : Here's $100 for helping me move.
　（引っ越しを手伝ってくれたから、100ドルあげるよ）
B : **I wouldn't think of it.**（いいよ、そんな）

アメリカで、娘を乱暴された父親が、その容疑者を銃で撃つという事件がありました。事件後、その父親は警察に出頭しましたが、待ち構えていた報道陣のカメラに向かって **What would you do?** とひとことだけ言いました。「あなたが私（の立場）だったら、どうしますか？」という意味です。

何か頼み事をする時に would を使って疑問文にすると印象がよくなります。

- **Would you** do it?（それをやっていただけますか？）
- **Would you** talk to him?（彼に話してくださいますか？）

依頼された相手はこれで Yes. か No. かの選択ができますし、押し付けられたと解釈することはまずありません。

That would... という表現で「大変意義がある」という意味にもなります。例えば **That would** be interesting. は、「すごく面白そうだ」という意味ですし、**That would** help. と言えば「すごく助かりますよ」ということです。

would を使ったちょっと変わった表現をご紹介しましょう。**Don't do anything I wouldn't (do).** という文の直訳は「私がしそうもないことはしないで」となりますが、日本語の「行ってらっしゃい」にあたる表現です。なかなかユーモアがあると思いませんか。

このほかにもたくさんの表現がありますが、ここに挙げた例をマスターすれば、基本的な用法は、ほぼつかんだことになるでしょう。

ネイティブはこう言っている！

I would like another one.　もう一ついただけますか。
I wouldn't say that.　そこまでは言わないけど。
I wouldn't mind.　別にいいですよ。
I'd be careful if I were you.　私だったら用心します。

work は多様な意味を持つ言葉

I hope it works out. （うまくいくといいね）
会話で非常によく使われる、work を用いた表現のいろいろ。

---

work は「働く」意外にも、多様な意味を持つ言葉です。「一生懸命働いた」は、そのまま I worked hard. と英語にすることができますが、これ以外の意味で使われていると、わかりにくく感じる人も多いようです。

I have a lot of **work** to do today. という表現について考えてみましょう。「今日はやることがたくさんある」という意味ですが、I have a lot of **works** to do today. と複数形にすると、「今日はこなすべき（芸術）作品がたくさんある」という意味になります。また、works という複数形は工場も意味しますから Let's go to the steel **works**. という表現では、「鉄工場に行きましょう」ということになります。

なお、「今日はたくさん仕事がある」と言いたい場合は I have a lot of jobs (things / tasks) to do today. とするのがよいでしょう。

work out も、いろいろな意味があります。例えば「うまくいくといいね」という表現は I hope it **works out**. です。アメリカ人は同じ意味で I hope it **works out** for you. とよく言

います。この場合、it は漠然と"問題"を指しています。

問題が起こった時にお互いに力を合わせて努力しましょうと言う時は Let's try to work this out. という表現が使えます。しかし、I'm going to work out today. という表現では「今日はジムに行くよ」という意味になってしまいます。この例では work out は運動するという意味で、主にウェイトを使った運動やトレーニングを指します。

あなたが典型的な日本の「サラリーマン」(office worker) なら、誰かから You work too hard. (君はちょっと頑張り過ぎだ) と言われることがあるかもしれません。仕事熱心な仲間をねぎらう表現です。

あるいは、残業している時に Don't work too hard. と声をかけられたことがあるかもしれません。直訳は「あまり根詰めるな」ということですが、実際には「じゃ、また」程度のニュアンスの挨拶なので、あまり真剣に考えることはありません。Okay, I won't. とか Take care. と返答しておけばよいでしょう。

ちょっとした機器が動かなくなってしまった時は It's not moving. ではなく、It's not working. (動いてないよ) と言います。move は位置が動くという意味ですが、work には機能するという意味があります。

故障したものが動き出したり、物事が成功した時には It works! (うまくいったぞ!) という表現が使われます。

ネイティブはこう言っている！

I have to work today.　今日は仕事しなくちゃ。
Where do you work?　どちらにお勤めですか。
I don't want to work today.　今日は仕事したくないな。
It's time to go to work.　そろそろ仕事の時間です。
I'd like to take time off from work.　休暇がほしいですね。
I don't mind working today.　今日は仕事してもかまいません。
I've worked here for a long time.
　ずい分長い間、ここで仕事しています。
I'm going back to work today.　今日仕事に復帰します。

best の微妙なニュアンスが大事

I'm doing my best. (努力してるんだってば！)
I did my best. では、「頑張った」という思いは伝わりません！

　仕事やプロジェクトに取り掛かる前に、祈るような気持ちになったことがあるでしょう。「最高の結果を望む」、そんな時は作業に入る前に Let's hope for the best. というひとことが言えると、一層気が引き締まるでしょう。

　そしてよい結果が出た暁には思わず That's the best ever! (これまでで最高だ！) と叫びたくなるのでは。

　make the best of a rather bad situation (やや不利な条件

を切り抜けた)、あるいは make the most of a good situation（有利な条件を徹底的に活用した）時は、仲間を **You're the best.**（君たちは本当に最高だ。ありがとう）とねぎらってあげましょう。

結果が芳しくなかった時は **I know you did your best.**（精一杯やったよね）と言って励ましてあげてください。

「全力を尽くした」と言う時に **I did my best.** という表現を使っていませんか。実は、このひとことには「ダメだった」というニュアンスがあります。つまり、結果があまり芳しくなかった時に使われるのです。ネイティブには言い訳しているように聞こえてしまうのです。

I'm doing my best. という表現も、「努力してるんだってば」というあまりフレンドリーではないニュアンスを持っています。作業がはかどっていない時や、うまくこなせていないのを指摘された時に言い返す表現です。

It's the best. は「それは最高だ」という意味ですが、**It's for the best.** は「それが一番だ」という意味で、悪い結果が生じた時によく使われる表現です。

A : Steve got fired.（スティーブが会社をクビになったよ）
B : **It's for the best.**
　　（彼のためにはそれが一番よかったんじゃないか）

「それが最善の方法だ」という時には **It's the best thing for**

you. という表現を使います。

A : I think I will break up with my boyfriend.
　（彼と別れようと思うの）

B : We were worried about you. **It's the best thing for you.**
　（心配してたんだ。それが君にとって一番だよ）

　ところで、訪問先や電話で、共通の知人や友人に「よろしくお伝えください」と言う時に、Say hello (hi) to... という表現がよく使われているのを耳にします。問題はありませんが、仕事相手や、あまり親しくない相手には失礼のないように **Please give my best regards** to him. という表現を使いたいものです。短く **Give** him **my best.** と言うこともできます。また、手紙やメールは **All the best.** あるいは **Best wishes.** という表現を使って閉じることができます。

ネイティブはこう言っている！

Give it your best.　ベストを尽くしてください。
This is the best I can do.　これ以上できません。
That's the best thing that's ever happened to me.
　これまでで最高の出来事だ。
I only want the best for you.　あなたのことだけを考えている。
This is the best idea you've ever had.　今までで最高の案だ。

where で抽象的な場所を表現する

Where do we go from here?
（私たち、これからどうなるんだろう？）
タクシーで Where at? と聞かれても、とまどわないように…。

---

where には、ほぼ場所を示す意味しかありませんが、いくつか例を見てみましょう。

海外旅行に行くならぜひ覚えておいてほしいのが **Where to?**（どこまで？）という表現です。空港などで cab（タクシー）の運転手が客に行き先を聞く時の短い常套句で、Where would you like to go? という丁寧な表現を短縮したものです。

しかし、残念ながら、アメリカのタクシーの運転手たちはあまり礼儀正しくはありません。Where to? と言われて行き先を告げても、**Where at?**（それどこ？）などと聞き返す運転手も珍しくありません。もちろん、例えば友人が「パーティがあるよ」などと話している時に、Where at? と言って、場所を尋ねることもできます。

待ち合わせた恋人や友人が現れず、携帯電話に連絡を入れる時に **Where are you?** と尋ねると、「いったいどこにいるの？」というニュアンスがあります。

家族が連絡なしで夜遅く帰宅した時に、あなたが **Where have you been?** と言えば「どこに行ってたの？」という意味

になります。

　パートナーとケンカばかりしている、あるいは問題山積みの方もいらっしゃるかもしれません。ずっと話し合いをしているのに、なかなか関係が修復できずに困っている時、ネイティブは、**Where do we go from here?** と言うかもしれません。これは「どこに行こうか」という意味ではありません。「私たち、これからどうなるんだろう？」と言っているのです。

　あるいは、相手は訝(いぶか)しい表情をしながら、**Where did we go wrong?**（どこでおかしくなった？／どうしてだめになったのか？）とつぶやくかもしれません。この Where did we go wrong? という表現は、恋愛だけでなく、計画通りに物事が進まなかったという状況でも使えます。

　友人とドライブに出かけました。最初は運転する友人との会話や車窓からの景色を楽しんでいましたが、やがて疲れてウトウト。ふっと目が覚めてひとこと **Where are we?**（ここ、どこ？）。

ネイティブはこう言っている！

Where are you going?　どこに行くんですか？
Where is she at?　彼女はどこにいますか？
Let me know where you are.　どこにいるか教えてください。
Where do you keep it?　どこに保管していますか？
Where do we need to go?

どこに行かなければならないのでしょう？

Where should we go?　どこに行きましょうか？

Where do you want me to wait?　どこで待っててほしい？

Where do you want to go?　どこに行きたい？

He told me where to go.　どこに行くか教えてくれたよ。

need が自然な表現になる場合は？

I needed that.（お気遣い、うれしいです）

「…しなくちゃ」と言いたい時は、やっぱり need が自然に聞こえる。

---

need は「必要」を意味します。

- I **need** some help.（助けがいります）
- I **need** some more time.（もう少し時間がいります）
- I **need** to go.（行かないと）
- I **need** to be going.（そろそろ〈家に〉帰らないと）
- I **need** to talk with you.（あなたに話があります）
- I **need** you to help.（手伝ってほしいんだけど）
- There's no **need** to.（それには及びません）

注意してほしいのは、未来のことについて意思決定する時にも、現在形のままで使われることです。例えば、

A : Do I **need to** come in tomorrow?

(明日出社しなければなりませんか？)

B : No, you don't **need** to work tomorrow.

(いいえ、それには及びません)

「現在形のまま」というのは have to でも同じです。

会話の中ではニュアンスが異なる使われ方をする場合がよくあります。例えば、主に悪い知らせや、こちらにとって都合のよくない話を聞かされた時に **I don't need that.** と返答すると、「そんなこと聞きたくないね」という意味になります。

また、暑い日に誰かが氷水を運んで来てくれた時に **I needed that.** というひとことで「お気遣い、うれしいです」という感謝の表現になります。That's just what I needed. という言い方をしてもニュアンスは同じです。

need は、**needy** とすることで名詞や形容詞にもなります。それでは次の表現はどんな意味になるでしょう。The **needy** need our help. 実はこの needy は、食べ物や住居を必要としながらも得ることのできない、「貧しい人々」を表しています。つまり、「その貧しい人々には助けが必要です」という意味です。

ネイティブはこう言っている！

I need to go now.　直ちに出発しないと。
I need to think about it.　考えてみないと。

Do you need to go? 行かなくてもいいでしょう？
We don't need to do that. そんなことはしなくていいよ。
There's no need for you to worry. 心配には及びませんよ。
I need you. 助けてほしいのです。
How can we help the needy?
　貧困層をどうやって助けることができるでしょうか？

go で短く、歯切れよく！

I've got to go.（トイレ行かなきゃ！）
「トイレに行きたい」と言うのが恥ずかしい時は、こう言おう！

---

go は、動作全体を表すのに用いられます。
▶ I'm going to the bank.
▶ I'm going to go to the bank.

どちらも、「銀行に行く」という意味であることはおわかりでしょう。しかし、両者を比較すると違いがあることがわかりますか。

前者の I'm going to the bank. は進行形です。つまり、「これから歩いて銀行に行く、あるいは今まさに銀行へ向かっているところ」というニュアンスがあります。それに対して後者の、I'm going to go to the bank. の場合には、「銀行には行くけれども、まだその過程にはない」という未来の動作につ

いて語っているように聞こえます。ただし、この後に tomorrow（明日）や someday（いつか）など、「いつ行くのか」を添えて言うと、ニュアンスは同じになります。

また、I'm going to go. と言う代わりに、I'll go. と言うこともできます。しかし、これは話し言葉においては、少々不自然に聞こえることがあります。

例えば、I'll go to the bank. と言った時に、「私は銀行に行くから、君は違うところに行ってほしい」というような、誰か他の人間と動作を比較しているニュアンスを感じてしまうことがあります。ですから、話し言葉の英語では、次のような例がとても自然と言えます。

▶ **I'm going to** have a party.（パーティを開くつもりです）
▶ **We're going to** be late.（遅れそうです）

go にはまた、いくつか別のニュアンスがあります。例えば、**I have to go.** は、「行かなければならない」という意味ですが、さらに逼迫した状況の時には **I've got to go.** という表現がよく使われます。これには「絶対行かないとまずいことになる」というニュアンスがあります。

▶ **I've got to go** to school.（絶対学校に行かないとまずい）

ところで、この I've got to go. と、よりカジュアルな **I've gotta go.**（行かなくちゃ）について付け加えると、これらの表現を使う多くの場合、行く先が決まっていることがありま

す。どこだかわかりますか。正解は「トイレ」。つまり「(我慢できないからトイレに)行かないと」という意味で使われているのです。招待先で「トイレ」と言いにくい時は、このひとことを使ってさっと席を立てばOK。

　誰かをデートに誘う時に、Will you date with me? などと言っていませんか。Will you go out with me?(デートしてくれませんか?)という形が一般的です。ただし、この表現を使う場合、多くは「1回だけのデート」を指します。
　これからもずっとデートしてほしい場合は、Will you go with me?(私と付き合ってください)という表現になります。ただし、単に「一緒に来てくれる?」という意味で使うこともありますので、早とちりしないようご注意を。

ネイティブはこう言っている！

Don't go anywhere.　どこにも行かないでね／すぐ戻ります。
I hope it goes well.　うまくいきますように。
I'll go with you.　一緒に行きます。
Where are you going?　どこに行くの？
How's it going?　調子はどうです？
What's going on?　〈いったい〉どうしたの？

goodの語源は「God」？

Be good.（行ってらっしゃい）
英語の語源には意外なものがたくさんあるけど、Good もその 1 つ。

　Good morning. Good afternoon. Good night. Goodbye. という挨拶は誰でも知っています。ネイティブの ALT（外国語指導助手）が常駐する最近の日本の中・高等学校などでは、ごく日常的に使われています。ところで、その語源についてはご存じですか。

　英語は、キリスト教に大変大きな影響を受けてきました。そのことは、上に挙げた挨拶である Goodbye. というひとことにさえ、顕著に表れています。Goodbye は、もともと God be with ye. のことです。ye というのは古語で、you を指します。ここでもう一つ大切なことは、be という形になっていることです。なぜ is ではないのでしょうか。

　be にすることで、過去も現在も未来も超越し存在している神、即ち"神の普遍性と遍在性"を表しているのです。ですから、「神はいつもあなた（がた）と共におられる」という意味なのです。

　朝、何気なく交わす Good morning. という挨拶は、「今朝も変わらず神はあなた（がた）と共におられます」という意味だったのです。とはいってもネイティブでも現在では Good

と言う度に、Godを意識することはまずありませんが…。

　日本では、家族を会社や学校へ送り出す時に、「行ってらっしゃい」と言います。しかし、英語ではこれと同じ表現はありません。ですが、近い表現に **Be good.** があります。直訳すれば、「素行よく振る舞いなさい」ということですが、実際は「じゃあね（行ってらっしゃい）」に似たニュアンスがあります。親が登校前の子供に、そして奥さんが出勤前のご主人に使っているところをイメージしてみてください。
「じゃあね」には他に、**Have a good one.** という表現もあり、これも非常によく耳にします。語尾に付いている "one" は、何か特別なものを指しているわけではないので、決まり文句としてそのまま覚えてしまいましょう。

　また、相手を誉める時に、**Good for you!** という簡単なひとことがあります。「良かったね／上出来じゃないか」という意味です。

　新しい職場や学校で、同僚や仲間となる人たちに挨拶する時にはしばしば、**It's good to be here.** という表現が使われます。直訳は「ここへ来られてうれしい」ということですが、これで日本語の「よろしくお願いします」と似た意味合いになります。

　新天地で、良い仕事や成績が認められれば、きっと誰かが **Keep up the good work.**（その調子〈で頑張ってください〉）

と声をかけてくれるでしょう。また、この表現は同僚などへのメールの結びのひとこととしても使えます。

久しぶりに会った知人に対しては、**It's good to see you again.**（またお会いできてうれしいです）という表現があります。そして再会を楽しんだ後には、上のひとことをほんの少し変え、**It was good to see you again.** とするだけで、「お会いできてよかったです」という別れの挨拶として使えるようになります。

ネイティブはこう言っている！

Good going!　その調子です！
That looks good.　いいですねえ。
That's good to know.
　教えてくれてありがとう／それはよかった。
This is no good.　これはまずいなあ。
It won't do any good.　無駄ですよ。

---

way が very と同じ意味に!?

That's way better.（そっちのほうがずっといいよ）
That's the way. や No way. など、使えるフレーズがたくさんある。

---

way は、「やり方」とか「道」という意味でよく使われてい

ます。フランク・シナトラなどの歌手に愛唱されていた有名な「My Way」という歌は「私のやり方」という意味です。

That's the way I do it. も「それが私のやり方です」という意味の表現です。自分の意思を曲げたくない時や、相手に納得してほしい時に使いますが、濫用すると自己主張の強い人間に思われることもあります。アメリカの社会でも、あまり自己主張が強い人は歓迎されません。**Have it your way.**（勝手にしろ）などと言われないように気をつけてください。

道という意味では、**Get out of the way.** といった表現で使われています。「どいてよ！」という意味です。あるいは誰かに呼ばれて目的地に向かっていることを電話などで伝える時には **I'm on my way.**（今行く途中です／今すぐ行きます）という表現を使います。

順調に成果を挙げている相手を励ます時は、**That's the way.**（その調子）と言ったりします。この表現に非常に近い形ですが、異なる意味を持つ **That's the way it goes.** というひとこともあります。「そういうもんさ／仕方がないよ」という意味ですから、混同しないように注意してください。

A : I was late for work, so my boss is cutting my pay.
　　（会社に遅れたっていうんで、上司が給料を下げたんだよ）
B : **That's the way it goes.**（仕方ないんじゃないの）

「やったね！／よくやった！」という誉め言葉で、もう一つ

よく使われるのが **Way to go!** という表現です。学校のスポーツ競技などでよく耳にします。

日常会話で非常によく聞こえてくるのが「とんでもない／まさか」という意味を持つ **No way.** という短い表現です。基本的には驚きを含み、賛同できないという意味で使われますが、状況によって多少ニュアンスが変わってきます。

A : You scored the highest points in math.
　（数学で最高得点を取ったのは君だよ）
B : **No way!**（冗談でしょう？）

way はまた、very に大変よく似た形容詞としても使われます。ただし、書く時にはあまり使用されず、主にカジュアルな会話の中で使われます。例を挙げておきましょう。
- That's **way** better.（そのほうがずっといいよ）
- That's **way** easy.（すごく簡単だよ）
- That's **way** interesting.（むちゃくちゃ面白いね）
- That's **way** wrong.（思いっきり間違えてるよ）

ネイティブはこう言っている！

That's the way I like it.
　それが私のお気に入りのやり方です。
This is the best way.　これが一番いい方法ですよ。
There has to be a better way.
　もっとよい方法があるはずです。

There's no way I'm going to do that.
そんなことは絶対できませんよ。

I feel the same way.　同感です。

コラム column

日本語の語順と並びが変わるフレーズ

日本語とよく似たフレーズでも、日本語と英語では語順が異なる場合は多いものです。例えばこんな具合です。

父母／ mom and dad
My mom and dad live in New York.
（両親はニューヨークに住んでいます）

左上／ upper left
Write your name in the upper-left hand corner.
（左上の角に氏名を書いてください）

春夏秋冬／ winter、spring、summer、fall
I go camping in the winter, spring, summer and fall.（冬、春、夏、そして秋にキャンプに行きます）

白黒／ black and white
I still have a black and white TV.
（まだ白黒のテレビを持ってます）

東西南北／ north、south、east、west
The four compass directions are north, south,

east, and west.
（羅針盤の示す四方位は、北、南、東、そして西です）
月・火・水…／Sunday、Monday、Tuesday、...
The days of the week are Sunday, Monday, Tuesday, Wednesday, ... （一週間は、日、月、火、水…）
砂糖とミルク／milk and sugar
Would you like milk and sugar with your coffee?
（コーヒーにミルクと砂糖を入れましょうか）

take は「取る」だけじゃない！

Don't take it out on me.
（八つ当たりしないでよ）
簡単そうに見える単語ほど難しい…。頭を柔軟にして取り組もう！

　take は「取る」という意味だと思っていると、理解できなくなる表現がたくさんあります。何をするにしてもそうですが、英語に親しむ時も柔軟な頭にしておくことが大切です。
　悪いニュースを知らせた時には相手の反応が気になります。そんな時には How did she **take** the bad news? という表現があります。「（悪い知らせを受けて）彼女、大丈夫だった？」という意味です。

125

A : How did she **take** it?（大丈夫だった？）

B : She **took** it well.（なんとかね）

B': She didn't **take** it well.（動揺してたよ）

　しかし、この表現は **How do you take it?** と現在形にするだけで、意味ががらっと変わってきます。飲み物などをすすめられた時の「〈飲み方は〉どうなさいますか？」という表現にもなるのです。

A : Would you like some coffee?
　　（コーヒーはいかがですか？）

B : Sure.（いただきます）

A : **How do you take it?**（〈ミルクや砂糖は〉どうします？）

B : Cream and sugar, please.
　　（クリームと砂糖をお願いします）

　I'll take you. という表現は、「連れて行く」という意味ですが、**I'll take you up on that.** という形になると、「あなたの申し出を受け入れます」という意味にも、「それには反対ですね」という意味になります。文脈や、あとに続く言葉によって否定か肯定かが変わってくるので注意してください。例えば、I'll take you up on that point. だと、「その点に関して異議を申し立てます」という意味になります。

　英語に親しむ時も柔軟な頭にしておくことが大切だと言いましたが、柔軟な頭には休憩が必要です。勉強、あるいは仕

事でちょっと疲れ、5分ほど休憩したい。そんな時は **take five** という表現が使えます。

A : Can you work on this after that?
　（その後これやってくれる？）
B : Don't rush me. I need to **take five**.
　（そう急かさないで。5分ほど休憩しないと）

　格言を挨拶として使っている例をご紹介しましょう。**Don't take any wooden nickels.** という面白い表現があります。直訳すると「木製の5セントは手にするな」ですが、これで「さようなら／お大事に／揉め事に巻き込まれないように」という意味の別れの挨拶として使われています。

ネイティブはこう言っている！

Could you take me with you?
　一緒に連れて行ってくださいますか。
Don't take it out on me.　私に八つ当たりしないで。
I'm not going to take it.　もう我慢できない。
I'm sorry, it's taken.　すみませんが、その席は空いてません。

know で相手の気をひこう！

You know what?（あのね…）
I know. You know... 相槌として使われることも多い know のいろいろ。

　最初にお話ししておきたいのが、心や感情の状態を表す単語の中には、進行形をとらないものが多いということです。know もその1つで、I am knowing... という形にはなりません。

　know は「知っている」、あるいは「知る」という意味ですが、面白いことに口語英語では、次の言葉へとつなげる相槌として使われることが圧倒的に多いのです。

　例えば、**You know.** という表現。男女共によく使われますが、これにはほとんど意味はなく、「ねえ／あのねえ」という単なる相槌です。ただし、日本語でもやたらと「あのね、それでね」と言いながら話すのは不自然なように、英語でも連発すれば、聞き苦しいだけでなく、場合によっては「教養のない人間」と思われてしまいますので、注意してください。

　特に女性に多いのが、**I know!** と、大きな声で頻繁に（しかも大げさに）連呼することですが、これも「私は知っている」というより、「そうよね〜」という程度のニュアンスの相槌でしかありません。**I know it.** と言っても、ほぼ同じ意味です。

128

ところが、it を that にした **I know that.** になると、がらりとニュアンスが変わります。この表現には、「そんなこと、言われなくてもわかっているよ」というニュアンスが含まれているのです。何度も同じことを言ってしつこく叱ったり、たしなめたりする相手に対し、つい口をついて出てしまう言葉です。

I knew it! と過去形にすると、「やっぱり！」という意味になり、「そうだと思っていた」というニュアンスが出てきます。

アメリカ人の女性がちょっとしたニュースを伝えるために相手の気をひきたい時に、**You know what?** という表現をよく使います。「あなたは知っているか？」と尋ねているのではなく、「あのね…」と話し掛けるときのひとことです。ですから、I don't know. などと返答したら相手は混乱します。こういう場合は What?（何？）。これしかありません。

最後に、**(Do you) Know what I mean?** あるいは **(Do you) Know what I am saying?** という少々長い表現を見てみましょう。直訳は「言ってることがわかりますか？」ですが、これも、「ねえ、そうでしょう？」という意味合いで使われることがほとんどです。もちろん、自分の言っていることを相手が理解しているかを確認するために使うこともあります。

ネイティブはこう言っている！

I know how you feel.　同情します／お気持ちはわかります。

129

Do you know him?　知り合いですか？

（注：「個人的に知っているか」ということを意味する場合が多い）

Don't I know you?　どこかでお会いしませんでしたか？

I don't know how to do it.　どうやったらいいかわからない。

I don't know about that.　さあ、それはどうでしょうか。

I don't know how you do it.　あなたはすごい／いったいどうやったらそのようなことができるのですか？

should のニュアンスを使い分けよう！

You shouldn't say that. （それは言うなって）
should を使いこなせば、より気持ちが伝わる英語表現になる！

　誰かが大切にしているものを壊したり、傷つけてしまったことはありませんか。触るなと言われていた場合は非常に立場が悪くなります。謝っても相手が怒るのは無理もありません。

A : I'm sorry I broke your guitar.

　　（ごめん、君のギター壊しちゃったよ）

B : **You should be.**（謝るのは当然だよ）

　自分が壊したわけではないのに、相手が誤解して、まるで犯人扱いされることがあります。

A : When I came back, it was already broken. What happened?

(家に帰った時には、もう壊れてたよ。何があった？)
B : How should I know?（知らないですよ、そんなこと）
このように返答しても、しらばっくれていると思った相手は、**You should know.**（とぼけるなよ）と食って掛かるかもしれません。

　新聞を読んでいたら、ある友人に関する写真つきの記事を目にしました。他の知人にもぜひ知らせたいと思い、その新聞を見せながらひとこと、**You should see this!**（ちょっとこれ見て！）。これは自分が見聞したことを、相手にもすすめる時の言い方です。目上、目下どちらにも使える表現です。

　プレゼントをした時に相手が、**You shouldn't have.** と言って受け取ったことはありませんか。「そうすべきではなかったのにそうした」という意味ですが、実は期待や喜びを隠すための表現です。「そんなことしていただかなくてもよかったのに」といったニュアンス。
　いつも同じことで愚痴を言う知人。成功することより失敗することばかり考えている友人。そんなタイプの人には、**You shouldn't say that.**（それは言うなって）と言ってみてください。励ましのニュアンスが出ます。
A : Everything I do goes wrong.
　　（やることなすこと全て裏目に出るんだ）
B : **You shouldn't say that.**（そんなことは言いなさんな）

なお、**You shouldn't say things like that.** と言うと、「そんなこと言わないほうがいいよ／そんなふうに言うもんじゃない」と、ニュアンスが変わります。話し手の裏付けのない無責任な言動をたしなめたいと思う時はこのような表現を使います。

▶ **You shouldn't say things like that** without hard proof.
（確たる証拠もないのに、そんなこと言うもんじゃないよ）

ネイティブはこう言っている！

I should think not.　当然そのようなことはない。
I should be on time.　時間通りに行けると思います。
You should be more careful!
　もっと気をつけないとダメですよ。
I should have tried harder.　もっと努力するべきだった。
You should've done so.　君はそうすべきだった。

right が「正しい」の意味になる理由

All right for you!（もう君とは絶交だ！）
Mr. Right とか Miss Right って、誰のこと？

　キリスト教が英語に多大な影響を与えていることは、goodの項（119ページ）で述べました。キリスト教の祈りには、

He ascended into heaven; and sitteth on **the right hand** of God the Father Almighty.（天にのぼり、全能の父なる神の右に座し給えり）という一節があります。right には「正義」「重要なもの」という意味がありますが、実はここから来ているのです。

また、I would give **my right arm (hand)** to pass this exam. という表現がありますが、「右手を捧げる」ことではなく、「試験に受かるためだったら何でも犠牲にするよ」という意味です。え？ それじゃ、左利きの人はどうなるかって？

自分が正しいかそうでないかを尋ねる時は、**Am I right?**（そうでしょう？）という表現が使われます。

Right! なら「その調子！」という意味に。また **Right on.** は、「いいぞ、頑張れ、その調子」という意味のくだけた表現です。**I'll get right on it.** と言えば、「ちゃんとやりますよ／すぐやりますよ」という意味の非常にポジティブな表現で、部下から上司に向けてよく使われます。

(All) Right then. で「それじゃ」という意味になります。これは威勢よく出発する時や、物事を始める時に使います。
▶ **All right then**, let's move on.（それでは進みましょう）

アメリカ人の子供がよく使う表現に、**All right for you.** というひとことがあります。この場合は「申し分ない」という意味ではなく、「君とは絶交」ということです。

目上の人間から目下の人間、あるいは親しい相手に、直ちに自分の元へ来てほしいという時に Can you come **right now?** という表現が使われます。

　別室にいるすぐ近くの相手だけでなく、物理的に距離のある相手にも使うことができます。「今やっていることを途中でやめて、猶予せずに出発できるか」という期待が込められています。

Mr. Right または **Miss Right** は、「将来の伴侶としてふさわしい人間」という意味です。
▶ I want to be her **Mr. Right**.
（彼女が探し求めている将来の伴侶になりたい）

ネイティブはこう言っている！

You are absolutely right.　全く君の言う通りだ。
I was right.　そら思った通りだ。
That's not right.　違うよ／そうじゃないよ。
I'll be right there.　すぐにそちらに参ります。
Not right now, thanks.　今は結構です。お気遣いどうも。

want の強いニュアンスに気をつけよう

I don't want to do that.
(そんなこと、したくないやい！)
I want you to... と上司に言われたら、あなたに腹を立てているのかも。

　want は I want... や I don't want... の形で使われることが多く、やや強いニュアンスを持った言葉です。アメリカ人はこの形に「強く要求するニュアンス」を感じ取ります。

　もし上司に **I want you to be on time. I don't want you to say that again.** と言われたら、かなり腹を立てている証拠です。

　要求を強調したいのであればそれでも構いませんが、例えば、コーヒー・ショップなどで I want coffee. と言ったら、店員は怒っているのかと訝しく思うでしょう。アメリカ人がこう言う時は、何の反応もないまま長い間待たされた時ぐらいです。**I'd like coffee.** といった表現を使うほうが無難です。

　アメリカ人にとって I don't want to do that. という表現は、まるで子供が「そんなこと、したくないやい」と言っているように聞こえます。大人は **I'd prefer not to do it.** というような表現を使います。

　店主になったと仮定してください。そこへ外国人のお客が来ました。「何にしますか？」と言うつもりで、What do you want? という表現を使いました。お客はどんな反応を見せる

135

と思いますか？　これでは、「何だよお前！」という意味になってしまうのです。しつこく相手が話し掛けてくるような時に投げつける敵意に満ちたひとことです。「何にしますか？」と言いたいのであれば、**What would you like?** といった表現を使うことをおすすめします。

　頑張ってほしいと言う時には、**I want you to do your best.** という表現が使えます。ただし、イントネーションに気をつけてください。あくまでもソフトに発音することです。さもないと、「頑張れよ、わかったか？」という命令に聞こえてしまいます。

　主語をIにすると、ネガティブなニュアンスが出てしまう want の用法も、you want、he wants、they want などのようになると全くそのようなニュアンスを含みません。ですから、Ask anything **you want**.（何でも聞いてください）、Have anything **you want**.（好きなものをとってください）、**He wants** to come with us.（一緒に来たいそうです）というように、どれも前向きな表現になります。

　始めた当初は面白そうに見えても、しばらくたつといやになり、しまいにはやめたくなるということがありませんか。そのような時は **want out** という表現を使います。

▶ Stacy liked the aerobics program when she first started, but after a week, she **wanted out**.

(ステイシーはエアロビを始めた当初は楽しんでいました。しかし1週間後には、やめたいと思いました)

人気の歌手や俳優にそっくりな格好をした若い人たちが大勢いて驚くことがあります。特に teenager がスターの真似をしたがるのは日本もアメリカも同じです。英語ではこのような「なりたがり屋」を wannabe、もしくは wanna be と言います。want to be をリエゾンするところから来ています。

▶ All these teenyboppers are wannabes.
(この十代の女の子たちは全部なりたがり屋です)

ネイティブはこう言っている！

What do you want to be?
何になりたいの？（注：大人から子供へ使われる）
I want to do it.　やってみたいな。
I don't want to hear it.　聞きたくありません。
You don't want to know.　知りたくないんですね。
Is that what you want?　それでいいの？

long の「長さ」はいろいろある

So long. (さよなら〈しばらく会うこともないね〉)
for long と for a long time の違いがわかりますか？

疑問の形や否定の形を取る場合、long は「長くは…しない」という意味になります。

- It doesn't take **long** to get to his house.
  (彼の家に着くのに、それほど時間はかかりません)
- John seldom stays **long**. (ジョンはめったに長居しません)

肯定の形の表現では、たいてい **(for) a long time** という形になり、「長い時間」を表します。通常は、long はあまり使わず、a long time をよく使います。

- She waited (**for**) **a long time**, but Mike didn't arrive.
  (長い間待っていましたが、マイクは到着しませんでした)
- It takes **a long time** to get to his house.
  (彼の家に着くのに長い時間かかります)

(for) a long time が否定文の中で使われる時は、for long とは異なる意味を持つことがあります。例えば、She didn't speak **for long**. は「彼女は長くは喋らなかった」という意味ですが、She didn't speak **for a long time**. では「彼女は長い

間沈黙していた」という意味になります。これは、打ち消しの範囲が異なるために生じる相違です。

I won't be long. と言えば、「すぐですよ」という意味です。Please wait. I won't be long.（お待ちください。長くはかかりませんので）などと使います。この I won't be long. は **It won't be long.** と言っても同じです。

long を使った挨拶もあります。長い間会っていない知人や友人に、**It's been a long time.** と言えば、「お久しぶりですね」という意味になります。

So long. は「さようなら」という別れの言葉です。これはくだけた言い方で、しばらく会うことのない相手と別れる時に使われます。

空港などに家族や知人を出迎えに行ったとしましょう。さんざん待たされた挙句に、やっとゲートからその人が出てきました。こんな時には、**What took you so long?**（何でこんなに遅かったの？）という表現が使えます。相手のほうが先に、**How long have you been waiting?**（どのぐらい待った？）と尋ねてくるかもしれません。

アメリカでも、人気のあるレストランは行列ができますし、みな大人しく順番を待ちます。すると係の人が名前と人数を尋ねてきます。待ち時間を知りたい時は **How long will it take?**（どれくらい時間がかかりますか）という表現が使えます。係の人の手際が悪くて少しもたついていると思ったら、

How much longer will it take?（あとどれくらいかかりますか？）と言うこともできます。

ネイティブはこう言っている！

I didn't believe him for long.
　少したって、彼が嘘を言っているとわかった。
We don't have long to think.
　ゆっくり考えている時間はありません。
It won't be much longer.　それほど長くはかかりません。
It took a long time.　長い時間かかりました。

come と go を使い分けていますか？

Come again?（えっ、何だって？）
come と go の違いをマスターすると、ネイティブらしさがアップ！

　come は、話し手や聞き手のいる場所に向かう動作を表す時に使います。例えば、Mike, would you come here, please?（マイク、ちょっとこっちに来てくれないか？）などと言われた時に、**I'm coming.**（今行く）と返事をしますが、I'm going. とは言いません。また、When did you come here?（いつこっちに来たの？）などとも使います。
　幼児がよく使う Can I **come and sit** on your lap?（そっち

のおひざの上に座ってもいい？）という言い方もあります。子供は、話し手／聞き手のほうを主体にこう言っていると考えてください。つまり、自分を主体としたgoではなく、話し手／聞き手の視点からcomeを使っているのです。

comeを応用したその他の表現を見ていきましょう。西部劇のファンなら、Shane, **come back**! という、あまりにも有名なフレーズをご存じでしょう。come backには、「現在の場所に戻る」という意味があります。

成人した子供が独立して家を出る時、親はYou can **come back home** anytime.（いつ戻ってきてもいいからね）と言ったりします。

Come again. と言えば、「またどうぞ」という挨拶です。ただし同じcome againも、状況が変わると、意味も違ってきます。疑問文にすると **Come again?**（え？　何だって？）という意味になり、言っていることが聞き取れなかった時や、意味が不明瞭の時に話し手に聞き返す表現になるのです。かなりくだけた表現なので、目上の人間には、Excuse me? やPardon me? と言うことをおすすめします。

もう一つ気をつけていただきたいのが、「どうぞこちらへ」と、相手を招く時です。顧客や来賓などに対して、Come here. などと言っていませんか。これでは、「こっちへ来い」という命令口調になってしまいます。こういう時は、**Please come this way.** のような表現にします。

ただし、配偶者や恋人から Come here. と言われても、「命令するとは何事だ！」と、腹を立てる必要はありません。特にネイティブの女性は甘えたい時にこのような言い方をすることがあります。

　訪問客を家の中に招き入れる時に、**Come in.**（お入りください）とよく言います。でも、これに on を付けて、**Come on in.** にすると、「さあさあ、どうぞ入ってください」という親しみが出ます。

　Come on. は「来いよ」いう意味だけではなく、「元気出しなさい／しっかりしなさい」という励ましにもなります。友人同士の間で使われるくだけた言い方です。

　英語圏で生活したことのある方、ホームステイを経験された方なら、**Come and get it!** という表現をよくご存じでしょう。この表現にはもちろん「こっちに取りに来て」という意味もありますから、最初は、「何をもらうんだろう？」と思ったのではありませんか。実はこれ、食事時の定番のフレーズで、「ごはんよ〜／食事の用意ができたよ〜」という意味なのです。普段の食事時に、家族や友人などに向けてよく使われます。

ネイティブはこう言っている！

My cat didn't come home last night.
　うちの猫は昨晩は戻ってきませんでした。
Can you come with me?　一緒に来られる？

Coming! 今行く〜！

(注：ご飯だよ〜と呼ばれた時には、Coming! とか I'm coming! と答える)

How come? え？　どうして？／何で？

Why don't you come with us? 一緒に来たらどうですか？

I hope you can come back to Japan someday.
いつかまた日本でお会いできるといいですね。

(注：実は、もう会うことがないと思われる人間に対しての別れの言葉)

Can you come see me? 会いに来られる？

off の「離れる」「外れる」以外の意味は？

He told me off. （彼に怒られちゃった）

take off のほかに、たくさん使える言い回しを覚えておこう。

---

off には主に、「何か基準となるものから外れる」「くっついていたものから離れる」「記録などを下回る」といった意味があります。しかし会話の中では、このような意味を知っているだけでは理解しづらい表現が数多く使われています。

off が「離れる」という意味で使われる例を見てみましょう。誰かが家に訪ねてきます、訪問者が暖房の効いた部屋にぶ厚いコートなどを着て入ってきたら、Why don't you take it off?（脱いだら？）とか、Take it off, if you'd like.（暑かったら脱げば）という表現が使えます。

143

また、訪問先から退出する時に使われる **I'd better be off.**（そろそろ失礼します）という表現があります。had better... には、「〜しないと大変なことになる」というニュアンスが含まれますが、実際の会話でこう言う時はそれほど大仰ではありません。

　同様に、訪問先を立ち去る時に **I'd better take off.** と言えば、「洋服を脱ぐべきだ」という意味ではなく、「失礼します」という意味になります。take off は、飛行機や列車のような乗り物だけに限らず、人にも使えます。

「時間を取る」ということを指すこともあります。例えば、I need to **take today off.** と言ったら、「今日は休まないといけません」という意味です。I need to **take some time off.**（休む時間が必要です）という表現もあります。さらに、**I have today off.** で「今日は休み」という意味です。

「最初から」という意味の表現に **Right off...** があります。例えば、

▶ **Right off**, I knew he was wrong.
（最初から彼は間違えていると知っていました）

▶ **Right off**, he wanted to take a break.
（最初から休憩したいと言っていた）

などと使います。

　列車などの乗り物から下車する時は、We need to **get off** here.（ここで降りないと）と言います。

144

しかし、状況によってこの表現は全く異なる意味を持ちます。例えばアメリカ人は、仕事などで何かまずいことをしてしまったことが上司にばれたものの、上司がそれほど立腹しなかった時に、**I got off easy.** とよく言います。これを「簡単に降りられた」と訳しても意味をなしません。「それほどとがめられなかったよ」という意味になります。

　これと非常に似た意味で、アメリカ人が頻繁に使う表現が **Come off it!**（勘弁してよ／やめてよ）です。

「誰かを叱る」という意味で、**tell off** という表現もよく使われます。例えば、He told me off. で、「彼に怒られました」という意味になります。

「外れる」「離れる」ことを示さない表現に **be better off** があります。これは、「経済状況もしくは経済状態などが、ましになった、よくなった」ということを表します。例えば、昨年は仕事がなかったものの、今年になって仕事を得、暮らしぶりがよくなってきた時に、**I'm better off now.** と言うことができます。

ネイティブはこう言っている！

I'm not so bad off.　それほど〈経済的に〉苦労していません。
You'd better back off.　〈その件から〉下りたほうがいいですよ。
You're way off.　全然違いますよ。
Let's get off here.　ここで降りましょう。
I need to take off right away.　すぐに行かないと。

I'm going to take a week off.　1週間の休みを取る予定です。

too much は「手に負えない!」

You are too much.（君は全く手に負えないよ）
「多くの」などの意味を持つ much。会話でのイキイキした使い方とは?

---

much は、「多量の、多くの、〈時間が〉長い」（little の反対）を表す時によく使われます。

- I haven't got **much** time.（それほど時間はありません）
- You can have as **much** milk as you'd like.
  （好きなだけ牛乳を飲んでかまいません）
- How **much** is that sweater?
  （そのセーターはいくらですか?）

too much という表現がしばしば会話の中で使われますが、「値段が高すぎる」というほかに、自分の行為以上に他人が対価を払った時や、「手に余る／手に負えない」という意味でも使われています。

- This price is **too much**.（これは値段が高すぎるね）
- You are **too much**.（君は全く手に負えないよ）

後者は、通常は「困ったやつだ、やれやれ」というニュアンスが含まれますが、どこにもアクセントを置かずに発音す

146

ると怒りや不満を感じさせず、「大変なところもあるが、愛すべき人間だ」というニュアンスが出てきます。

アメリカ人は、What are you doing?（どうしてる？）と尋ねられた時に **Not much.**（別に〈変わったことはないよ〉）とよく返答します。**Nothing much.**（相変わらずだよ）という言い方もあります。

今まで携わってきたものや事柄を途中で投げ出してしまった人には、**so much for...** を使って、**So much for him.** などと言います。「彼はそこまでの人間だ／彼は期待はずれ／彼はもう戻ってこない」という意味です。渓谷にかかったつり橋の上から、たまたま財布などの持ち物を川に落としてしまったことはありませんか。そのような時にも、**So much for** that.（これまでだな）と言うことができます。また、誰かが何かを説明している時に So much for that. と言えば、「（説明は）ここまでにしておきます」という意味です。

古典からの引用句が表現の1つとして定着した例は多くあります。シェークスピアにくわしい方ならご存じかもしれません。その戯曲のタイトルにもなっているフレーズで、小さな問題でも大騒ぎする人を形容する時に、**Much ado about nothing.**（から騒ぎ）というひとことが使われます。ado は「面倒、騒動」を意味しています。

ネイティブはこう言っている！

It won't help much.　それほど役には立ちません。
You want too much.　欲張り過ぎです。
Don't worry so much.　そんなに心配しないで。
We don't have much time.　時間がたっぷりあるわけではない。

lookで見て、考えて、気をつけて

Look here. (いいかね、よく考えてみなさい)
Look here. と言われて、Where? などと答えてはダメ。

　lookという動詞は「見る」という意味ですが、会話で使われる時はさまざまな意味を持ちます。中には、「これがこんな意味になるの？」というものもありますから、注意してください。例えば、Look. というひとことでもこんな具合です。

A : It won't be finished by tomorrow.
　（明日までに完成するなんて無理ですよ）
B : **Look.** It's all up to you.
　（いいですか、それはあなた次第です）

　この場合のLook. には「見ろ」という意味ではなく、「考えてみなさい」というニュアンスがあります。

　Look here. という表現もよく会話で使われますが、これも「ここを見ろ」という意味ではなく、「よく考えなさい」とい

う含みがあります。

▶ **Look here.** You've been late three times this week.
（いいかね、今週君はもう3回も遅刻してるんだよ）

　車が接近してきた時や、狭い入り口で頭をぶつけそうな時など、主に話し手の肉体的なダメージを瞬時に回避するために使われる表現に、**Look out!** があります。これは、「危ない！」という警告のひとことです。Watch out!（気をつけて！）と言い換えることもできます。

　短いながら、使われる状況によって大きく意味が異なってくるのが、**Look out for him.** という表現です。He doesn't have a place to stay. Look out for him.（彼には泊まる所がないので、面倒をみてやってください）という意味にも、I don't trust him. Look out for him.（どうも彼は信用できない。気をつけてください）という意味でも使われるのです。

　Look who's talking. は、一見すると全く否定のニュアンスはありませんが、実は「君こそ何も言えないはず／そんなことがよく言えますね」というニュアンスになります。「誰が話しているか見てごらん」などと訳した人はいませんか。

A : You need to study harder.（もっと勉強しなきゃ）
B : **Look who's talking.** You never study.
　（よく言うよ。自分だって全然勉強していないくせに）

　Look what you've done. にも、「いったい、何をやらかした

んだ」と、相手を非難するニュアンスがあります。文頭に now をつけて、Now look what you've done. とすると、さらに怒りを含んだ「いったいぜんたい、何やってるんだお前は」といったニュアンスになります。

また、思いもよらない場所で疎遠だった知人にばったり会ったら、**Look who's here!**(こんな所で会うとは!)という表現が使えます。

否定的な表現ばかり見てきましたが、前向きな表現もご紹介しましょう。

Look at that! は、「あれ見て!」という意味ですが、状況によって「すごいですね/これはすごい」というニュアンスの表現になります。

▶ Look at that! Mary got a perfect score on the test.
（すごいなあ。メアリーは試験で満点とっちゃったよ）

ネイティブはこう言っている!

Let me have a look.　ちょっと見せて。
What are you looking for?　何を探していますか?
I can help you look for it.　探す手伝います。
What does it look like?　どんなものですか?

give up で「何」を諦める?

Give it up!（あなたと付き合うなんてまっぴらよ!）
「何」を give up するかで、don't と never を使い分けよう。

Don't give up. と言えば、スポーツ競技などで弱気になっている人間を励ます時に使われる「頑張れ／諦めるな」という意味の典型的な表現です。

ところで、Don't give up. の代わりに、**Never give up.** と言っていませんか?

有名な Never, never, never give up. という、never を何度も繰り返す言葉を残したのは、イギリスの首相だったチャーチルですが、これは「人生、決して諦めてはいけない」という意味です。スポーツや競技で誰かを励ます場合は、Don't give up.（投げ出すな）と言うのが普通です。Never give up.（〈人生〉諦めてはいけない）とは言わないので、注意してください。

I give up. は、「もうやめた」という意味ですが、Do you know who the prime minister of Canada is?（カナダの首相が誰だか知っていますか?）などと質問された時に、I give up. と答えれば、「わかりません」という意味になります。

男性のみなさん、女性に声をかけて **Give it up!**（無理ね／

付き合うのはまっぴら) と言われたことはありませんか。

また、恋人に別れを切り出され、**Don't give up on me.**（私を見捨てないで）と言って（もしくは言われて）しまったことはありませんか。

いつも「今度は…へ連れて行ってあげるよ」と言いながら、言葉だけで一度も実行したことがない相手に、**Don't give me that.** と言えば、「そんなこと信じませんよ／嘘ばっかり」という意味になります。また、都合が悪くなると、いつも適当な言い訳をしてその場を逃れようとする相手にも、この表現が使えます。give を「あげる」だけだと思っていたら、この Don't give me that. の意味はわからなくなります。

相手が悪い知らせを持っていて、なかなか話を切り出さない時、**Give it to me.** という表現を使うと、「言ってくれ」という意味になります。

A : I've got something to tell you.（ちょっと話があるんだが）
B : **Give it to me.**（言ってくれ）
A : We're going bankrupt.（倒産しそうだ）

ネイティブはこう言っている！

I'd like to give you something.
　お渡ししたいものがあるのですが。

Mary gave me some advice.
　メアリーが、いくつか忠告してくれました。

That meeting gave me a headache.　あの会議には困りました。
Give it your best.　頑張って。
I would give anything for it.
〈それを手に入れるためなら〉何でもします。
Let's give it a try.　試しにやってみましょう。

You'd better は目下に使う表現

You'd better go.（帰らないとぶん殴るぞ！）
「…したほうがいい」という意味だけと思っていると、痛い目に遭うぞ！

　better には、2つの基本的な使い方があります。
　1つ目は、「よりよい」という意味です。I like apples **better** than peaches.（桃よりリンゴのほうが好きです）は、good の比較級である better を使った用法です。そして2つ目は、「…したほうがよい」という意味の **had better...** です。
　初めの例は、容易に理解できると思いますが、2番目の例はやや複雑になることがあります。
　例えば、**I'd better go.** と言えば、単に「そろそろ帰ったほうがいいかな」という意味です。しかし、**You'd better go.** と言う場合は、使われる状況によって「そろそろ帰ったほうがいいと思う」という提案にもなるし、「帰らないとぶん殴るぞ」という脅しにもなるのです。この場合の better には比較の意

味はありません。

hadの部分やbetterの部分にアクセントを置いた時に、特に脅しのニュアンスが強くなります。「そろそろ帰ったほうがいいと思う」と言うつもりだったのに、相手には「帰らないとぶん殴るぞ」というニュアンスにとられてしまった場合、You don't scare me!（脅しても無駄だね！）などと言い返されることがあるかもしれません。

ほとんどの場合、You'd better... という形は、目上の人間から目下の人間に対して使われますので、注意してください。ほかにも、状況によって大変強い含みを持つ had better... を用いた表現をご紹介しましょう。

A：I'm going to quit this job.（仕事なんかもうやめてやる）
B：No, you won't.（おい、何言ってるんだよ）
A：**You'd better believe it.**（絶対やめてやるさ）

このひとことには、「私の言うことを信じないと、後で泣きを見るのは君のほうだ」というニュアンスがあります。

また、**You'd better do something.** には、「つべこべ言わず、とにかく何とかしなさい」というニュアンスがあります。**You'd better get it right.** では、「くれぐれも間違いのないように」と念を押しているような意味になります。

このように、目上から目下へ使われることの多い You'd better... という表現は、誤解を生むこともあるので、なるべくなら避けたいものです（もちろん I'd better... や We'd better... のように、自分を主語にした言い方なら問題はありません)。これに代わる最も適切な表現は恐らく、**Maybe you should...** という形でしょう。より和らいで聞こえますから、問題を起こすことはまずないと言えます。

You know better.（何でそんな変なことするの）はやや訳しにくい表現。「わかっていながら、なぜあえてそのようなことをするのか？」というニュアンスを含みます。

ネイティブはこう言っている！

I have a better idea.　もっといい考えがあるよ。
That's better.　そのほうがいいよ。
Are you feeling better?　気分は良くなった？
You can do better.　もっとうまくできるさ。
I'd better not.　やめておくよ。
It will get better.　きっと状況は改善されるよ。
There's got to be a better way.
　もっといい方法があるはずだよ。
We'd better hurry.　急がないと。

let は強い命令にも使える

Let it be. (触るな！)
Let me do it. は「手伝いはいらない」というニュアンスになる。

---

let の基本的な意味は、「…させる」というものです。
- He let me go with him. (一緒に行かせてくれました)
- We usually let our children stay up late on weekends.
  (週末はたいてい子供たちが夜遅くまで起きていることを許しています)

Let him go. は、「彼を行かせなさい」という短い表現に見えますが、「彼を引き止めてもいいことはないよ」というニュアンスが含まれています。

Let me do it. (私にやらせて) という表現はアメリカ人の子供がよく使いますが、大人でもしびれを切らせた時に使います。ただし、「自分がやるので、手伝いはいらない」というニュアンスがあります。

また、よく耳にするのが **Let me check.** というフレーズです。何かについて質問されて、少し調べてから返答したい場合に、「ちょっと確認してみますね」というニュアンスで使います。

Let it be. という表現を聞いて、何を連想しますか。いえい

え、某バンドの有名な歌のタイトルの話をするつもりはありません。

　Let it be. は、「そのままにしておきなさい」という意味の表現で、Let it be as it is. を縮めたものです。例えば、何かあなたの持ち物が故障し、誰かが修理をかって出た時に、**Let it be. It's not worth fixing.**（そのままでいいよ、修理するには及ばない）などと言うことができます。

　誰かが問題を持ち込んでも、自然に問題が消滅するまで待つという時もこの表現が使えます。Don't worry about it. It won't do any good to worry.（心配するな。心配しても、事態が好転するわけじゃない）と言い換えることもできます。

　Let it be. はまた、「触るな」という強い命令の言葉としても使えます。また、個人や話し手を含んだ集団に提案や許可を与えたり、命令する時に用いられます。

　Let's... あるいは Let us... で、人を誘う意味になります。
▶ Let us pray.（祈りましょう）
▶ Let's have a drink.（一杯やりましょう）
▶ Let's do it.（さあ、やりましょう）
▶ Let's get out of here.（出ましょう／長居は無用です）

　Let's do it again. という表現は「またやりましょう」のことだと思われがちですが、実際は、時間をわざわざ作って友人や知人などと楽しく過ごせた時に、「また会いましょうよ」という意味で使われることが多いのです。この場合の it は、

「会う」ことを指しています。

　手早く片づけたい作業や仕事がある時には、**Let's get going.**（さっさとやりましょう）という表現を使います。

ネイティブはこう言っている！

I'll let you come with us.　一緒に来てもいいですよ。

He let me think about it for a day.

一日考えることを許可してくれました。

Let me see if I can do it.　できるかなあ。

（注：この Let me see は「どれどれ、考えさせてくれ」という意味）

Let me help you with that.　それ、手伝いましょう。

why は疑問文以外でも大活躍

Why not?（いいですとも）
「なぜ」以外の使い方を、ここではチェックしてみよう！

　where、when、what、how のように、why も文頭に付けることができます。
- **Why** can't you come?（来いってば）

　また、文中に挿入することもできます。
- I don't know **why** he can't come.
　（なぜ来ないのかわからない）

これは専ら女性が使う言葉ですが、文章を強調したい時、または喜びや驚きを表現したい時に、**Why, this is good!**（あら、これすごくおいしいわ！）というふうに、why を用いることができます。上品に聞こえますが、やや時代遅れの表現でもあります。古い映画などで耳にすることがあるかもしれませんので、ご紹介しておきましょう。

▶ **Why**, what a fine day!（あら、いい天気だわ！）
▶ **Why**, I think you're right!
　（そうね、あなたの言う通りだわ）
▶ **Why**, that's a good idea!
　（まあ、なんて素晴らしい考えなの！）
▶ **Why**, this is really interesting!
　（ええ、本当に興味深いわ！）

　男性はあまりこのような表現は使いません。ただし、Wow, this is good! というひとことであれば、性別に関係なく使えます。
　男性が文頭に why の付いた表現を使うのは、怒っている、口論している、またはケンカしている時です。**Why you...** という表現を「もうまったく…」という意味で使うことが多いのです。罵り言葉ばかりですから、知識としてとどめておくだけで、使わないほうが賢明です。

▶ **Why you** bastard!（このばかやろう！）

▶ **Why you son of a bitch!**（このゲスやろう！）

　whyが文頭に付く時は疑問文なのか、それとも女性が使う上品な表現なのか、聞いていればどちらかわかると思います。ただし、whyが付いて疑問文の形になっていても、質問を表しているわけではないこともあります。例えば、**Why not?** という短い表現は一見質問のようですが、「いいですとも／ぜひやりましょう」という意味になるのです。また、「なんでだめなの？」という意味でも使えます。

ネイティブはこう言っている！

Why did you do that?　なんであんなことしたんだ？
Why didn't you do anything?　なんで何もしなかったの？
Why should I believe you?
　あなたを信じろというほうが無理です。
Why's that?　何でそうなるの？
That's why.　というわけさ。
I'm not sure why he said that.
　なんで彼があんなことを言ったのか、よくわからない。
I'll ask him why he feels that way.
　彼がなんでそんなふうに思うのか聞いてみるよ。
I don't know why.　なぜかわからない。

never は「決して」の意味だけじゃない!

Never say never! (それはわからないよ!)
never を使ったネイティブらしい表現。サラッと言えばカッコいい!

Never は not と ever をつなげたものです。

▶ **I won't ever** go there again.
▶ **I'll never** go there again.

どちらの例文も基本的にニュアンスに差異はありません。ただし、どちらがより頻繁に会話の中で使われているかと問われれば、前者の not ever より never のほうに軍配が上がるかもしれません。

映画「007シリーズ」の中に「Never Say Never Again」というタイトルの作品があります。**Never say never.** というフレーズは、映画の中だけではなく日常頻繁に使われています。直訳すれば「絶対ないとは、絶対言うな」、つまり、「未来には何が起こるかわからない」ということを意味します。

A : I'm never going to pass this test.
　　(絶対このテストには受からないよ)
B : **Never say never.** (それはわからないよ)

ちなみに「Never Say Never Again」は「次がないとは言わないで」というほどの意味で、本作で俳優ショーン・コネ

リーがジェームス・ボンド役に復帰したことに引っかけたものだそうです。

Never mind. は「何でもないよ／気にしないで」という表現ですが、依頼をすぐに承諾しない相手に怒りを込めた「もういいよ（頼まないよ）」という意味にもなります。

A : Could you help me fix this?
　　（修理するのを手伝っていただけませんか？）
B : Maybe tomorrow.（そのうちね）
A : **Never mind.**（それならもう結構です）

You never know. という表現は、文脈によって「備えるに越したことはない」という意味と、「そういうことがあるかもしれない」という推量に取れる場合があります。

A : Should I take an umbrella with me?
　　（傘を持って行ったほうがいいでしょうか？）
B : **You never know.** You'd better take it.
　　（たぶん、そうしたほうがいいですよ）

You never can tell. と言うと、「どうなるかはわからない」というニュアンスがあります。

A : He's never going to get into a university.
　　（彼は絶対大学には入れないでしょう）
B : **You never can tell.**（それはわからないよ）

You'll never do it. と言えば、やるやると言いながら、何だかんだと理由をつけて実行に移すことを拒んでいる、つまり、「口先だけで（やらない）でしょう」という意味です。

A : I'm going to quit my job.（もう仕事なんかやめる）
B : **You'll never do it.**（どうせ口だけでしょう）

ネイティブはこう言っている！

I never liked him. （最初から）ずっと彼が嫌いだった。
I'll never talk to you again. 君とは絶交だ。
I never said that. そんなことを言った覚えはない。
This will never work. これは絶対にうまくいかない。

keep は「あげる」時も「返す」時も使える

You can keep it.（欲しければどうぞ）
You can keep it.（こんなものいらない）
同じフレーズでも、文脈によって微妙な違いが生まれる。

---

　keep には基本的に、「ずっと」「続く」「保つ」といった意味があります。**Keep out!**（入るな！／立入厳禁！）という表現は、「外に居続けなさい」ということを意味しています。なお、日本の公園にある芝生のところで、この立て札をよく目

にしますが、一般的に欧米では、公園の芝生は自由に「立ち入りができる」場所になっています。

もちろん、**Keep (on) trying.**（続けて）、**Keep going!**（そのまま、そのまま）、**Keep it up!**（頑張れ！）などといった表現のように、肯定的な意味でも使えます。

食べ物の話をしていて、**It won't keep.** と言えば、「すぐに悪くなる／あまり日持ちしない」という意味になります。

keep の後に人がつくと、さまざまな意味を持つようになります。例えば、長居できない相手に Don't let me **keep** you. と言えば「行かなければならないなら、どうぞ行ってください」という表現になります。

What's keeping him? なら「いったいどこで油売ってるのだろう？」の意味になります。外出してなかなか戻ってこない部下に、上司が思わずつぶやきそうなひとことですね。

「（仕事があるかなどを）心に留めておく」という意味の I'll **keep** you in mind. という表現もあります。状況によっては、単に「覚えておく」という意味になります。

▶ It **kept** me interested.（ずっと気になっていました）
▶ Can you **keep** him there?
　（そこで待たせておいてくれますか？）
▶ **Keep** her out.（彼女を関わらせないように）

keep it で「もらう」こと、**keep it for me** で「預かってお

いて」ということを意味します。

「自分には不要だが、あなたにとって有用であればあげます」というニュアンスを持ち、相手に物をあげる時によく使われるのが、**You can keep it.**(〈私はいらないので〉とっておいてください)という表現です。反対に、受け取った物を You can keep it. と言って相手に返すと、「いいよ、こんなもの」という意味になります。

ホテルなどに check in した際に、係の人が貴重品を預かる際には **I'll keep it for you.**(預かりましょうか？)という表現を使います。

ネイティブはこう言っている！

He kept talking for a long time.　長時間喋っていました。
I keep hoping she'll come back.　戻ってくると信じています。
He keeps looking at me.　ずっとこちらを見つめています。
I can't keep waiting all day.
　一日中待っているわけにはいきません。
Would you keep this for me?
　これを預かっておいていただけますか？
Where do you keep it?　どこに置いて〈隠して〉おきますか？
Keep up the good work.　頑張ってください。
Is it okay if I keep this?　もらってもいいですか。

really は位置でニュアンスが変わる

I really don't know.
（よく考えても全くわからないよ）
I don't really know. と I really don't know. この2つの表現の違いは？

Really. と言えば「本当です」という意味です。**Really?** と疑問の形にすると「本当？」という意味になることもご存じでしょう。つまり、I didn't know that.（知らなかった、本当なの？）というニュアンスです。

また強調する時にも使います。

- I **really** like it.（本当に気に入っています）
- I **really** had a good time.（とても楽しかったです）
- He worked **really** hard.（彼は本当に一生懸命働きました）

ところが、毎日使っているにもかかわらず、多くのアメリカ人でさえ really という言葉が異なるニュアンスを持っていることに気づかないでいます。上の例では、強調を示していますが、逆に表現を和らげるためにも使われるのです。

例えば、I don't know. は、「知らない」という意味です。あまりよく考えていないニュアンスが感じられます。しかし、**I really don't know.** と言うと「よく考えても答えがわからない」というニュアンスが出てきます。

では、次の例を見てください。どちらも同じような表現ですが、意味が微妙に異なるのがわかりますか。

▶ I don't **really** know.
▶ I **really** don't know.

前者には、「はっきりとは知らないが、自分が理解している範囲ではこんな感じ」というニュアンスがあります。やや曖昧な「よくはわからない」という意味です。それに対して後者は、「全く状況や事情を知らない」という意味になります。

誘いや依頼を断る時の返答として Not really. という表現が使われます。「さほど／別に／大して」という意味です。

Would you like to come with us?（一緒に行きませんか？）あるいは Do you like it?（気に入りましたか？）などと質問された時に、まるで判で押したように No. と返答していませんか。これでも問題はありませんが、代わりに Not really. というひとことを使うと若干ソフトな印象になります。

ネイティブはこう言っている！

That's a really good idea.　本当に素晴らしい考えですね。
I feel really fine.　すごく気分がいいです。
Do you really believe him?
　本当に彼を信頼しているのですか？
I really think this is the best way.
　これが最善策だと心から思っています。

I really want to take a break.
休みをとりたくて仕方ないんです。
I really hope you can come.　ぜひ来てくださいね。
I really do care about you.
あなたのことがとても心配なんです。
It took a really long time.　大変時間がかかりました。
I really don't mind.　本当に気にしませんよ。
That's not really easy.　それほど簡単ではないよ。

---

say は省略された意味に注意

Say what?!（何だって!?）
You don't say. はイヤミっぽい表現にもなるので注意しよう。

---

　say を使った表現にはわかりにくいものがたくさんあります。それらについて見てみましょう。

　I'll say. の意味がわかりますか。「私は言うつもりだ」ではありません。これで、「もちろん／賛成だ」という意味になります。I'll say the same thing. を縮めたものです。

　誰かの発言にショックを受けた時は、**Say what!** という表現が使われます。これは「何だって？」という意味です。

A : I went out with your girlfriend last night.
　（昨日の晩、君のカノジョと出かけたよ）

168

B : **Say what?!**（え！　何だって!?）
A : Don't worry. We only had dinner together.
（心配ないよ。一緒に夕食を食べただけだから）

　What can I say? という表現は、「自分には何を言うことができるか？」、言い換えれば、何も言えない、お手上げだということで、「どうしようもない」という意味になります。

　What did you say? は、ほぼ直訳通りの「なんて言った？」という意味ですが、相手の言葉を聞き返すというより、挑発し、ケンカ腰になっているととられることが多いので、使う時には注意してください。

　What do you say? は「どうでしょう？／いかがでしょう？」という意味です。

▶ That new TV set costs only $300. **What do you say?**
（例の新製品のテレビ、わずか300ドルだって。どう思う？）

　相手に対して控えめに同意を示す時に、**You could say that.**（そうとも言えるね／そんなとこかな）という言い方をすることがあります。仮定法が使われているので could になっていますが、過去の意味はありません。

　You don't say.（まさか／本当？）は、一見驚きの表現に見えます。しかし、状況によって本当に驚いていたり、イヤミで「なるほど。そいつは驚いたな」という場合の2通りに解釈できるので注意しましょう。

You said it.（まさにその通りだね／そうだね）。これは、相手の考えや意見に同意を示す表現ですが、使われる状況によって「自分としては認めたくない」というニュアンスを含むこともあります。

ネイティブはこう言っている！

Can you say that again?　もう一回言ってくれる？
Did you say something?　何か言った？
Don't say that.　まさか／やめてくれよ。
I can't say.　わかりません。
I can't say for sure.　ハッキリとはわかりません。

---

put を使った言い回しあれこれ

Well put!（うまい！　座布団1枚！）
直訳ではわかりにくい、put を使った表現をチェックしておこう。

　めかしこんでちょっと高めのレストランでデートの待ち合わせ。しかし、初デートの彼女の様子がヘン。restroom に立ってみたら、その理由がたちどころに判明。ズボンのジッパーが大きく開いていたのでした…。
　こんな経験をして顔から火が出る思いをしたことはありませんか。そんな時は、**I don't know where to put myself!**（あ

あ…、穴があったら入りたい）という表現がぴったりです。

返答に詰まった時、相手の質問に即答できない時に **How can I put it?**（どう説明したらいいか／何と言ったらいいかなあ）という表現が使われます。少々焦っているニュアンスがあります。

put it という表現は結構曲者（くせもの）で、I wouldn't **put it** that way. では「そんなふうには考えないけれど」という意味ですが、I wouldn't **put it** here. だと、「ここには置きません」という意味になってしまいますから注意してください。

また、ケンカした相手と仲直りする時に、**Put it there.**（握手してください）という表現がしばしば使われます。
「おお、座布団1枚」と思わず言ってしまいそうなうまい表現をした相手には、**Well put!** という誉め言葉があります。

Two heads are better than one. ということわざがあります。1人で考えるより大勢で考えたほうがよい場合があります。そんな時は、**put our heads together** と言いましょう。これは「みんなで考える」という意味です。

A : I could not find the answer to that problem.
　　（あの問題の答えがわからなかったよ）
B : Well, let's **put our heads together**.
　　（それじゃ、みんなで一緒に考えてみようよ）

相手の行動や言動にもう我慢できないという時に、I can't put up with him.（彼にはうんざりだ）という表現が使われます。

▶ She's always nagging. I can't put up with her anymore.
（彼女はいつもぶつぶつ文句を言ってるんだ。もう我慢できないよ）

アメリカの小・中学校では、教師も親も、いじめの対策には真剣に取り組んでいます。特に「けなし言葉」には神経を尖らせています。これは put down と言います。

▶ Jim did the best he could. You shouldn't put him down.
（ジムはできる限りのことはした。けなすべきじゃないよ）

ネイティブはこう言っている！

Don't put it there.　そこに置かないで。
I can't put up with this.　こんなことはもう我慢できない。
Let's put everything away.　全てかたづけちゃおう。

---

sure で強調の表現を身につけよう

Sure thing!（いいとも！）
For sure? や Sure thing! など、会話で大活躍の言い回しを覚えよう。

---

sure は「確実」という意味です。誰かに用事などを頼まれ、

Sure. と答えれば、「確実にやります」つまり「喜んでやります」というニュアンスになります。

また、しばしば「ありえない」という意味でも使われています。実力もないのに「オリンピックに出る」などと豪語している人に Sure. と言えば、「ありえません／笑わせないでください」という皮肉っぽい意味になります。

相手に対して「保証しますよ」という意味で使われることもあります。I'll be there for sure. と言えば「絶対行きます」という意味です。語尾を上げて発音すると疑問文になります。

A : I'm going to be in the Olympics.
　（オリンピックに出るんだ）
B : For sure?（それって本当？　確実ですか？）

　Are you hungry?（お腹すいた？）と尋ねられたら、ひどくお腹がすいていても、たいていは I am. と答えていると思います。でも I sure am. と、sure を入れるだけで、「もう腹ぺこ！」というニュアンスになります。I sure am hungry. と言っても同じニュアンスです。

言っていることが確実であるかを問う時には、**Are you sure?**（本当に？）と言いますが、自分がさらに本当らしさを強調したい時は、おどけて I sure am sure.（ホントにホントだよ）という表現も使うことがあります。

裏付けが十分でないのに結論を急いでいると感じたら **Don't be too sure.**（断定しないほうがいいですよ）という表現が使

えます。「確か過ぎるのはかえってよくない」というニュアンスがあります。しかし、**You can't be too sure.** と言う時は、意味が多少変わって「念には念を押す」という意味になります。肯定の形にすると、**You can be sure.**（絶対そうだよ）という意味になります。

▶ It's going to rain tomorrow. **You can be sure.**
（明日は雨になるよ。絶対にね）

また、相手が自信満々で話していても、その内容にどうも納得できないと感じた時は、**How can you be so sure?**（何でそんなに確実だと思うわけ？）というひとことが使えます。

あえて言うまでもなく、結論が明らかな時に使われるのが、**It sure is.**（まさしくその通り）という表現です。天気について問われた時にこう返答すれば、挨拶がわりにもなります。

A : This is great weather.（やあ、いい天気だなあ）
B : **It sure is.**（本当に）

ネイティブはこう言っている！

I sure do like it here.　ここは本当にいいところです。
I'm not sure.　自信がありません。
I'm sure about it.　確実です。
I'm sure you'll do well.　君ならうまくやれるはずさ。
Sure thing!　いいとも！

コラム column

思いもよらない!?　魔法の接尾辞 "y"

　単語に接尾辞を加えることで語意を変えることができます。例えば、luck（運）と lucky（運のよい、幸運な）、そして sleep（睡眠）と sleepy（眠い）のような例は既にご存じでしょう。

　しかし時には、思いもよらない変化をもたらすことがあります。以下がその例です。

bag（バッグ）　　→ baggy（だぶだぶのセーター）
beef（牛肉）　　 → beefy（筋骨たくましい、肥満）
boss（上司）　　 → bossy（威張り屋の）
bull（雄牛）　　 → bully（いじめっ子）
chance（機会）　 → chancy（リスクが大きい）
cheese（チーズ） → cheesy（安っぽい）
choose（選ぶ）　 → choosy（えり好みする、やかましい）
class（分野）　　→ classy（高級な、上等な、粋な）
corn（コーン）　 → corny（ダサい）
dress（洋服）　　→ dressy（凝った、派手な）
edge（端）　　　 → edgy（いらいらした、すぐ腹を立てる）
fish（魚）　　　 → fishy（怪しい）
hair（髪）　　　 → hairy（難しい）
if（もし）　　　 → iffy（あやふやな、疑わしい、条件つきの）

175

> jump（跳ねる） → jumpy（ぴくぴくする、興奮しやすい、神経過敏な）
> pink（ピンク） → pinky（ちっこい、小指）
> race（競争） → racy（活気のある、元気のよい）
> shade（影） → shady（いかがわしい、うさん臭い）
> space（空間） → spacey（ボーッとしている）

easyの七変化

I'm easy.（あなたの都合に合わせるよ）

I'm easy. You're easy. She's easy. それぞれの区別がつきますか？

---

easy は、その意味が示す通り、ほとんどの場合、使うのも「簡単」で「楽」です。例えば、The test was easy.（試験は簡単だった）とか、He has had an easy life.（彼は楽な人生を過ごしてきた）というような表現で用います。

それでは、I'm easy. と言ったらどういう意味でしょうか。この表現には、「私は単純な人間だ」という意味はありません。easy も、状況によってはさまざまな含みを持つ言葉になるという例を見ていきましょう。

美術館に行くと約束していた友人が土壇場になって、We'll go to the movies, instead. Is that okay?（代わりに、映画に

行こうと思うんだけど、それでもいいかな？）と言い出しました。特に不満がなければ、**I'm easy.** と返答します。これで、「（あなたに）合わせますよ」という意味になります。

では、第三者、まずは女性を指して、**She's easy.** と言うとどうなるのでしょうか。これは注意してほしい表現です。「尻軽だ／交友関係が乱れている」という性的なニュアンスが出て、「彼女は誰とでもすぐ寝る」という意味になります。

ただし男性の場合はどうでしょうか。He's easy. で多くの場合は「気楽な人」を意味し、性的なニュアンスは含みません。

男性の場合でも、誤解を避けるためにも、easy は使わないほうがよいかもしれません。「気さくだ」と言いたい場合、**He's (She's) easy going.**（彼は〈彼女は〉のんきなんだ／気さくな人だよ）という表現を用いるほうが安全です。

のんきだ、気楽だという表現について話したついでに、英語圏と日本における文化的相違についても触れてみます。その国の文化がそのまま反映されていて面白いと実感する表現はいくつもありますが、挨拶には特にそれが顕著です。日本では、別れ際よく「頑張ってね」と挨拶しますが、英語ではこれと正反対で、**Take it easy.** つまり「気張らないで、のんびりとね」という意味の表現をよく使います。実際は「それじゃまた」という程度のニュアンスですから、意味通りに解釈することはありません。

177

混乱を招きやすい用法について見てみましょう。壊れやすい物を運搬する時など、慎重さを要求する作業をしている時に、**Easy does it.** という表現が使えます。これは「あわてないで／慎重に」という意味です。

▶ Turn the wheel slowly to the right. **Easy does it.**
（ハンドルをゆっくり右に回すんだ、慎重にね）

　相手にこちらの意見や考えを悟ってほしい時があります。そんな時は、長々と説明するより、短く切れのよい表現のほうが効果があります。例えば、ギャンブルで得たお金をすぐに使い果たしてしまった、と嘆く友人には、**Easy come, easy go.**（悪銭身につかず）と、ひとこと。たやすく得られるものはまた失いやすいものです。

ネイティブはこう言っている！

It hasn't been easy.　結構大変でした。
It's not so easy.　一筋縄ではいきません。
That's easy to say.　口先だけなら簡単です。
I had an easy day.　今日は楽でした。
What's the easiest way to do this?　最も簡単な方法は？

feeling も感じ方いろいろ

I have no feeling.（感覚がないんだ）
I have no feelings.（誰も愛さない）
I think... より、感情にうったえる I feel... が効果的なこともある。

---

feel は、人を主語に使って、心や体の状態を表すのに使うことができます。

A : How do you **feel**?（具合はどう？）
B : I **feel** fine.（いいです）
A : Do you **feel** tired?（疲れていますか）
B : Yes, I **feel** sleepy.（ええ、眠いです）

イギリス英語では、When he realized what he had done, he **felt** a complete idiot.（自分がしでかしたことを知った時、彼は自分が全くの愚か者だと知った）というように、feel の後に名詞が付く表現もあります（アメリカ英語で feel の後に名詞が付く場合は、**feel like** ＋名詞となります）。

人ではなく物を主語にする時は、次の例文のように「誰かに反応や衝撃を与える」という意味になります。

▶ The cup **felt** cold against my hand.
 （茶碗は手に冷たかった）
▶ My stomach **feels** funny.（お腹の具合が何か変です）

I feel bad. と言う場合は、相手に同情したり、自分が良かれと思ってやったりしたことが裏目に出てしまった時などの「残念に思う…」という意味になります。

▶ I **feel bad** about it.（へこんだよ／残念）。

「元気ではない」ことを伝えたい時は、**I don't feel so well.**（どうも気分がすぐれません）という表現を使います。ただしこれは、風邪をひいた時など、体調が変だと感じた初期の状態にふさわしい表現です。体調が極めて悪い時は、**I don't feel very well at all.**（ひどく具合が悪い）と表現できます。

He has no **feeling**. と He has no **feelings**. という2つの表現の違いがわかりますか。He has no feeling. の場合は、「事故か何かに巻き込まれて怪我をし、感覚がなくなっている状態」が考えられます。

▶ I have no **feeling** in my arm.（腕の感覚がありません）

それに対して He has no feelings. は、「冷酷で、誰も愛さない、他人のことなど意に介さない」という意味です。

▶ He has no **feelings** for her.
（彼女のことなど気にもしていません）

▶ She has no **feelings** for anyone.
（誰も好きな人はいません）

feel はまた、反応や意見を示します。I **feel** sure she is

right.（確かに彼女が正しいと感じています）の日本語訳は「感じている」となっていますが、このような例では feel は進行形の feeling にはしませんので注意してください。

　feel は、論理より感情にうったえます。ですから、I think this is the best way.（これが最善策だと思います）と言うより、**I feel** this is the best way.（これが最良の方法のような気がするのです）と言うほうが相手に思慮深い印象を与えることがあります。物事を判断または決断する時に、必ずしも論理ばかりが優先しないことは、英語圏でも同じです。

ネイティブはこう言っている！

Are you feeling better today?　今日は気分よくなった？
I feel much better now.　以前よりずっとよくなったよ。
I feel like I know you.　どこかで会ったような気がします。
I know how you feel.　その気持ちはわかります。
I don't feel like it.　そんなことしたくない気分です。
I don't feel up to it.　そういう気分ではないです。

care で否定を柔らかく

I don't care for fish.（魚はちょっと…）
やんわり「嫌いだ」と伝えたい時には、don't care が使える。

---

care（about を伴うことが多いです）は、何か重要だと感じたり、興味を持ったり、心配した時などに、その思いを告げるために使われます。また、「気をつける」という意味になることもあります。

I **care about** you. と言えば、「あなたを気遣っています」という意味ですし、She's very **caring**. なら、「彼女はとても思いやりがある」という意味になります。

また、疑問文や否定文の中で使われることも多いです。

▶ I don't **care about** your opinion.
（あなたの意見などどうでもいいです）

▶ I don't **care** if it rains. I'm happy about it.
（雨でもかまいません。満足です）

ところが、I **couldn't care less.** というような仮定法を含んだ表現にすると、混乱しがちです。複雑そうに見えますが、実は、I don't care at all.（全然気にしない）とほとんど同じ意味なのです。

それでは、I **could care less.** と、肯定の形にしたら意味は

182

どうなると思いますか。couldn't が could になるので、反対の意味になると思うでしょうか。

I couldn't care less. も、I could care less. もどちらも「全然気にしません」という意味です。変に思われるかもしれませんが、英語にはこのような、なんとも説明のしようがない表現がたくさんあります。

Take care of him.（面倒をみてあげて）という表現は、使われる状況によって意味が変わってきます。同じ表現でも、例えば映画の中でマフィアらしき人間が手下に向かって言えば、たいていは「あいつを消せ／やっちまいな」という意味で使われます。

「面倒をみる」という意味では、やや形式ばってはいますが **care for...** という表現も使えます。

▶ She spent years **caring for** her sick daughter.
（彼女は何年も病の娘の看病にあたっていました）

care for... の使い方で、より一般的なのは「好む／…が好きである」という意味です。care が否定の場合には、文意を和らげる効果があります。

I don't like fish.（魚が嫌いです）と言うと、ややとげが感じられる時がありますが、

▶ **I don't care for** fish.（魚、はちょっと…）
▶ **I don't care for** cats.（猫は苦手で…）

▶ **I don't care for** rainy weather.（雨の日はちょっと…）
という表現にすると、とげとげしさが少なくなります。

ただ、肯定文の時には気をつけてください。

好きな相手に **I care for you.**（あなたを大切に思っています）と言うのは構いませんが、同様に「好き」という意味で I care for coffee. などと言ったら、「コーヒーを大事にしています」と聞こえてしまいます。

Be careful.（気をつけて）と言う時も、状況によって意味が異なってきます。Be careful **with him.** と言えば、「あいつには用心しろよ」という意味になります。

ネイティブはこう言っている！

I'll take care of you.　君の面倒はみるよ。
I don't care what happens.　何が起ころうと関係ないね。
Don't you care about anything?　少しは気を遣ったら？
Does anyone care?　誰か何とかしないの？
Would you care if I went?　行ってもいい？
Who cares?　どうだっていいよ／かまうもんか。

somethingを使った「誉める」表現

That's something.（それはすごいな！）
You're something. という表現には、どんな単語が省略されている？

---

something は「何か」という意味です。では、**You're something.** という表現は「あなたは何か」ということでしょうか？

これは実は「あなたはすごいな」という誉め言葉で、日常的に使われています。You're something special.（あなたは何か特別〈な存在〉です）を短縮したものです。

That's something. と言う時も「それは何か」ではなく、「それはすごいな」という意味になります。アメリカの自由の女神は巨大です。実物を見ればきっと That's something. と言って驚くでしょう。

もちろん、いつも誉め言葉として使われているわけではありません。例えば、何かうまく機能していないと感じる時には I think **something's wrong.**（どこか変だと思います）と言いますし、健康状態に異常があると思われる時には、I think **something's wrong** with me.（何か具合悪いな）と言ったりします。

また、理由ははっきりしないけれども、そのように感じる

185

という時には **Something tells me that** this plan won't work.（この計画はうまくいかないような気がします）と言うことがあります。

相手の顔色がどうもすぐれないと感じたり、問題を抱えていると思ったら、**Is something wrong?**（何か具合悪いの？／どうしたの？）と尋ねます。これは、相手の物理的な状況だけではなく、精神状態についても尋ねることができます。

談笑していたと思ったら、急に相手が黙ってしまったり、顔色を変えてしまったという経験がありませんか。そんな時は間髪を容れずに **Did I say something wrong?**（何か気にさわること言いましたか？）と言ってみてください。この表現には悪気はなかったというニュアンスがあります。

手間のかかる用事を頼みたい時、あるいは用事の中身を知らせた上で依頼するのをためらう時には、**Could you do something for me?**（ちょっとお願いがあるのですが〈やっていただけますか〉）という丁寧で婉曲的なひとことが使われます。

ネイティブはこう言っている！

Would you like something?　何かご入り用ですか？
Can I get you something?　何か〈他に〉ご注文は？
I have something for you.
　〈見せたいもの、頼みたいこと〉があります。
Do you need something?　何か必要ですか？

Say something!　なんとか言ってよ。
There's something wrong with this.　これ、どこか具合悪いよ。
Why don't you give her something?
　彼女に何か〈仕事など〉をあげたら？
Is there something I can do?　何かできることがありますか？
I can't go with you. I have to do something.
　同行できません。やることがあるんです。

hard ってけっこうハードな単語かも

It's hard to say. （ちょっとわかりません）
好意的に I can hardly wait. （楽しみです）と言ったつもりが…。

---

　hard は元来、「激しい」とか「猛烈」という意味を持ち、多くのことを表現できる形容詞です。**a hard day** と言えば、「辛い一日」のことですし、**a hard head** は「頑固な人」を意味します。

　hard は、ほとんどの場合、否定的なニュアンスを伴います。例えば、「辛い一日でした」は I had **a hard day**. という表現を使います。同様の意味で、I had a long day. と言うこともあります。不都合なことが重なって起きた日には、I had a bad day.（さんざんな一日だった）という表現が使えます。

　話し手が I'm having **a hard time**. と言えば、「かなり深刻な

187

問題に直面している」と考えられます。

It's hard to say. と言う時は、「言いにくい」のではなく、「把握するのが難しい」という意味です。例えば、

A : How many people will come to the meeting?
　　（会議には何人ぐらい来ますか）
B : **It's hard to say.**（ちょっと把握できません）

という具合です。これは、**It's hard to know.** という意味と同じです。なお、「言いにくい」という表現は、It's difficult to say. となります。

頼み事をすると、「大変だ、難しい」などと言い訳してなかなかやってくれない人には **How hard can it be?**（文句を言うほど大変じゃないでしょう）という表現が使えます。

hardly の用法について見てみましょう。He **hardly** worked all day. はどんな意味でしょうか。「一日中一生懸命働いた」に思えますが、実はその逆で「ほとんど働いていない」という意味です。hardly は「ほとんど…ない」という意味になります。I **hardly** think so. という表現は、「強くそう思う」ではなく、「それはとんでもないこと」という意味です。

I can **hardly** wait.（楽しみです）という表現も、見た目は肯定的な印象を受けますが、実は皮肉が込められている場合が多いのです。

A : We'll need to take out your wisdom teeth soon.

（親知らずを抜かないと）

B : I can **hardly** wait.（それは楽しみです〈皮肉〉）

　競技の後、あるいは仲違いしていた相手と和解する時に **No hard feelings.** という表現をよく使います。「別に悪くは感じていません／悪く思わないでください」という意味です。

ネイティブはこう言っている！

That looks hard.　難しそうです。

You had a hard break.
　ついていなかっただけですよ／かわいそうに。
　（注：この break は「好機」「運」などの意味）

It's hard to care for him.　彼の面倒をみるのは辛いです。

tell には「見分ける」という意味も

I'm telling you.（本当なんです）
I can't tell. には「区別できません」という意味もある。

　秘密や噂を抱えている人に **Tell me!**（教えて）と尋ねますが、これは Tell me about it. を短縮したものです。この表現は状況によって意味が分かれます。「それについて話してください」という意味のほかに、もう一つ別の意味があるのです。

アメリカの空港でのこと。たまたま2人組の男性と隣り合わせになりました。2人の会話を聞くつもりはありませんでしたが、離婚を経験した友人に、最近離婚したばかりと思われるもう片方の男性が愚痴をこぼしているようでした。

その相棒に向かって **Tell me about it.**（私もよくわかっている）とぽつんと言ったのが印象に残っています。

話し手の指摘に明らかな同意をする時に使われる表現に、**You're telling me.** があります。（言われるまでもないよ／本当に／全くだ）という意味です。

A : Jack is always late.（ジャックはいつも遅刻してますね）
B : **You're telling me.**（本当に）

一方、**I'm telling you.** という表現は簡単なようでわかりにくいと思います。直訳しただけではなかなかニュアンスがつかめません。「聞いてください／本当なんです／あなたにお告げします」という意味だとすぐにわかったでしょうか。

これが曲者なのは、過去形にするとまた意味が変わってしまう点です。

A : That was a bad idea.（失敗だったよ）
B : **I told you.**（言ったじゃないか）

I told you. は単に「あなたに言いました」ということではなく、「だから言ったでしょう？」というニュアンスがあることがわかりますか。

tell にはまた「見分ける」という意味もあります。**I can't tell.** という表現も、状況によって「言えない」「見分けられない」の2通りになります。子犬が雄か雌かどちらかわからない時に I can't tell. と言えば、「見分けがつかない」という意味です。

　ルート・セールスの営業担当者と値段の交渉中です。相手は How about $5,000 for everything?（全部で5,000ドルでいかがでしょうか？）と言ってきました。That's too much.（ちょっと高いですねえ）と応えると、その担当者、ちょっと考えてから **I'll tell you what.** とひとこと。「何か言いましょう」では意味をなしません。相手は「それではこうしましょう」と言ったのです。

ネイティブはこう言っている！

I'm not going to tell you.　あなたには教えたくないです。
Can you tell me?　教えてくれる？
Could you tell me why?
　なぜそうなるのか教えていただけますか？
Don't tell me what to do!　いちいち私に指示するな！
I don't want to have to tell you again.
　何度も言いたくないのよ／一度言えばたくさんでしょう。
You don't have to tell me.
　説明しなくてもそのぐらいはわかっています。

everyとanyの使い分けに注意！

You don't know everything.
(事情を全部知ってるわけじゃないでしょう？)
You don't know anything.
(なんにもわかっちゃいないくせに！)
everything と anything の使い分けで、相手の感情の強さがわかる。

---

ever という単語は every、everyday、everything、everyone、everywhere など、様々な形に変化しています。

ever は「いつでも、どんな時でも」ということを意味する時は、疑問文の中で使われることが多くなります。

▶ Do you **ever** go to Japan on vacation?
(休暇の時は、どんな時でも日本に行きますか？)

また、**forever** や **ever since** という形を取り、「いつも～である」という意味にもなります。

▶ I will love you **forever**. (永久に君を愛すよ)
▶ I've loved him **ever since** I met him.
(出会ってからずっと彼を愛しています)

ひとつひとつの単語の意味についてはご存じだと思いますが、**every now and then** の意味がわかりますか？「全ての現在とその時」という直訳では何のことだかわかりませんが、

これで「時々」という意味になるのです。英語で考える場合、単語の論理的な意味にこだわり過ぎないほうがよいこともあります。Sometimes... のほうが簡単ではないかと思うかもしれませんが、

▶ **Every now and then**, I like to go to the movies by myself.
（たまには1人で映画に行きたいことがあります）

▶ This problem occurs **every now and then**.
（こういう問題が時々起こります）

▶ I take my children camping **every now and then**.
（時々、子供たちをキャンプに連れて行きます）

という例文のように、実際に頻繁に使われているので、覚えておいてください。

every と any を混同してしまうことも多いのではないでしょうか。どちらも、一般には集団や組の全員を指すことができます。

▶ **Any** child can learn.（子供は誰でも学べる）
▶ **Every** child can learn.（子供は誰でも学べる）

しかし、その意味は同じというわけではありません。any には物事を一度に1つずつ見ていくニュアンスがあります。つまり、「どれを選んでもよい」ということです。それは、次の例文でおわかりになると思います。

A : Which apple would you like?（どのりんごがいい？）

B : It doesn't matter. **Any** one.（別に、どれでもいいよ）

一方、**every** は物事を一緒に見ます。「あれと、これと、それと」、つまり、「みんな」に近いニュアンスがあります。

anything と everything の使い分けで、話し手の感情の違いがわかります。例えば、怒りを表す場合、話し手が少々腹が立っている程度なら、その人は **You don't know everything.**（事情を全部知ってるわけではないでしょう）という表現を使うと思いますが、激怒していたら、**You don't know anything.**（なんにもわかっていないくせに）と言うはずです。

ネイティブはこう言っている！

I like everything she does.　彼女のやることなすこと全部好き。

Not everyone thinks that way.

　誰もがそう考えるわけではありません。

You did everything you could.

　最善を尽くしたではありませんか。

（注：つまり、結果は芳しくなかったということを示す）

Everyone was on time today.　今日は全員時間通りでした。

willは8割、**might**は2割

Might is right. (勝てば官軍)
I will go. なら8割確実、I might go. なら2割確実。

「(〜に) 行くつもりだ」というのを表すのに、I will go. という表現があります。アメリカ人はこの言葉を聞くと、8割程度の可能性を感じ取ります。それに対し、I might go. の場合は、比率が逆転し、2割程度の可能性しかないと理解します。

簡単に夢を達成する努力を諦めてしまう人を、might を使ってHe's a might-have-been. (やればできるのに、やらない人) と表現します。このように、might を使うと可能性が低くなります。もちろん、可能性が変化する度合いは発信者の声のトーンや、ジェスチャーにもよります。

会話の中では、might は通常過去を意識しません。may と同じように現在と未来の状況を表すのにも使えます。

▶ Why did you do that? You **might** have hurt yourself.
(何であんなことをしたんですか？ 怪我したかもしれないのに)

これから起こり得る事柄にも使えます。例えば、

▶ You **might** be needed at the office this Sunday.
(今度の日曜に事務所で働かなければならないかも)

A : I **might** get a leading role in that movie.
（あの映画で主役をもらえるかも）

B : Yes, and pigs **might** fly!
（〈それが本当なら〉豚も空を飛ぶでしょう〈つまり、そんなことはないだろうという意味〉）

という具合です。

I might have known. という表現は、「案の定そうではないかと…／やっぱりね…」という意味です。予期していた通りの状況になってしまった時に使われる表現で、悪い結果の場合が多いです。

A : I'm afraid you failed the exam.
（残念だけど、君は試験には不合格でした）

B : **I might have known.**
（そんなことじゃないかと思っていました）

名詞の例を1つ見てみましょう。**Might is right.** または **Might makes right.** というフレーズがあります。どちらも、「強い者が正義」という意味で、日本語の「勝てば官軍」ということわざと同じです。しかし、通常は「自分が強いから何でもやってもいいと思っているよね」という皮肉が込められています。

ネイティブはこう言っている！

You might like it.　気に入るかもよ。

You might say that.　そういう言い方もできるかもね。

He might be interested.　興味をもつかもね。

It might work.　うまくいくかも。

I think I might.　たぶんね。

I might have to go.　行かないと。

We might not be on time.　間に合わないかも。

---

try はネガティブワード!?

I tried my best.（頑張ったけどダメだった）
I tried my best. は努力が報われなかった時の言い方。使い方に注意！

　日本語では、トライという言葉は大変ポジティブな響きがありますが、英語ではどちらかと言えばネガティブに感じます。

　例えば、**I'll try.** という表現には通常「やってはみます、だめならだめですが」という、消極的でやや悲観的なニュアンスが含まれています。

　アメリカ人の上司なら、部下が **I'll do it.** とか **I'll do my best.** と言うことを期待します。こちらのほうが、自主性と積極性が伝わるからです。

　I'll try my best. と言えば、「頑張ります」という意味にな

ります。一方、**I tried my best.** という過去形の表現は、単に「ベストを尽くした」と訳されがちですが、実は失敗した、あるいは結果が思わしくなかった時だけに使われるのです。つまり、「頑張ったけれどダメだった」という意味です。

頑張ったけれどダメだった。例えば、売り上げ目標に達せず、上司からお目玉を食らうなどという時には **I'll try harder.**（もっと努力しますから）という表現が使えます。アメリカ人は I'm sorry, I'll try harder. とよく言います。もっと積極性を出したいのであれば、**I'll do better.**（次回はもっとよい結果を出します）というひとことがあります。

例えば、テストでよい点が取れる見込みがない時など、結果が悪いことは目に見えているけれども、相手を励ましたい時があります。そんな時は **Just try.**（とにかくやってごらん）と言ったりします。くれぐれも、**Just you try.** と混同しないように気をつけてください。これではケンカの相手に「お前なんか怖くない」と言うことになってしまいます。

相手に「試してごらん」と言う時は、**Give it a try.** とか、**Give it your best try.** という表現を使います。状況によっては、「やってごらん、だめなら仕方がないけれど」というニュアンスが生じます。

ゲームやカードなどに相手を誘う時には、**Do you want to try?**（やってみる？）という表現を使います。ケンカの時に

使うこともあります。

A : I'm going to knock you down!（ぶっ飛ばすぞ！）
B : **Do you want to try?**（やるならやってみろ！）

　アメリカと日本では同じＳ・Ｍ・Ｌという記号を使って衣類のサイズを表していますが、当然大きさは同じではありません。ですから、必ず試着してから購入することをおすすめします。試着したい時にも try を使った表現を用います。売り場の人のほうから、Would you like to **try it on?**（試着してみますか？）と言うかもしれません。試着したければ、Can I **try it on?**（試着していい？）と言います。

ネイティブはこう言っている！

How about trying this on?　これ試着してみたら？
I know you tried.
　頑張ったね。(注：結果は失敗、もしくは芳しくない)
Let me try.　私にやらせて。
Try it!　食べてみて！

ask は「尋ねる」だけじゃない!

Don't ask. (ひどいもんだよ!)
「自業自得」を"ask"を使って表現してみると?

　ask は尋ねるという意味です。ほとんどの場合、ask という単語を耳にしたら、「尋ねる」という意味で使われていると想定できます。しかし、当然ながら例外もあります。

　例えば、**Don't ask me.** という表現を取り上げてみましょう。これは否定形です。それでは、「私に何も尋ねないで/聞かないで」という意味でしょうか? 実はこれ、「私が知るわけがない」という意味になります。この短いひとことには、「私に聞いても答えられないので尋ねないでほしい」というニュアンスが含まれているのです。

　誰かが、Who broke my CD player? と尋ね、「自分が知るべくもない」ということを伝えたい時は、Don't ask me. と言えばいいのです。ただしこの表現は、友達や親しい知人同士、あるいは自分より目下の人間にしか使いません。

　Don't ask me. と非常に見た目がよく似た表現に **Don't question me.** があります。これも、間違いやすいひとことです。これを、「私に聞いてもしかたない」という意味で使っているのを時々耳にしますが、実際は「私を疑わないで」という意味です。この文中の question は「疑う」とか「問う」という

意味の動詞として扱われています。ですから、例えば The lawyer questioned the witness. といった表現は、「弁護士は証人に尋問した」となります。

これもまた見た目がよく似た表現に、**Don't ask.** があります。「尋ねないで／聞かないで」と訳せそうですが、実はこれで、「（状況は）ひどい」という意味になるのです。

ちなみに、余計なニュアンスを含めず「私に何も尋ねないで／聞かないで」と言いたい時は、I'm not answering any questions. というような表現を使います。

ここで1つ、実際の英文からは想像しにくい意味を持つ表現を取り上げてみましょう。「因果応報」、あるいは「自業自得」を英語で何と言うかご存じですか？ As a man sows, so shall he reap. ということわざがすらりと出る方は、かなりの英語力の持ち主と言えます。余談ですが、これが聖書からの出典だということもご存じでしたか？

でも、難しいことわざを知らなくても、実はこれ、ask を使った **ask for it** というイディオムを用いれば、簡単に表現できてしまいます。**You're asking for it.** がそれです。ask for it の直訳は「それを頼む」ということですが、自分自身がそれを願っている、つまり、「自業自得だよ」という意味になるのです。

面白いのが、この ask for it は、時制によってニュアンスが変わってくるということです。例えば、You're asking for it. と進行形の形では、「自業自得だよ」という意味ですが、これを You asked for it. と過去形にしたら、どんな意味になるかわかりますか？ この場合、相手は既に顔にアザを作っているはず。「調子に乗って続けたら殴るぞと警告しておいたはずだ！（殴ったのはあなたのせいだ）」ということなのです。

ネイティブはこう言っている！

Let me ask you a question.
　ちょっとうかがいたいことがあります。
Are you going to ask her out?
　彼女をデートに誘うつもりですか？
I'm asking $3,000 for my car.
　私の車、3,000ドルでどうかな。
Sorry I asked.　あ〜あ、聞くんじゃなかった。

コラム *column*

不思議な単語のコンビネーション

　英語は論理的な言語だと言われていますが、そうではない単語の組み合わせもあります。直訳ではわかりづらい単語の組み合わせをご紹介しましょう。

〈英語〉	〈直訳〉	〈意味〉
all ears	全部の耳	よく聞くこと

all mouth	全部の口	口だけ
answer back	答える　後	反発する
ask out	尋ねる　外に	デートに誘う
bad loser	悪い敗北者	往生際が悪い人
bear out	耐える　外に	我慢する
call off	呼ぶ　外に	中止する
come clean	来る　きれい	白状する
cold feet	冷たい足	おじけ
dead tired	死んで　疲れる	疲労困憊して
dry out	乾かす　外に	二日酔いが直る
fire up	火を上に	励む
hard of hearing	困難　聞くこと	耳が遠い
kick off	蹴飛ばす　外へ	始める
kill time	時間を殺す	暇をつぶす
laugh off	笑う　落とす	一笑にふす
monkey around	猿が周りに	ふざける
nose around	鼻の周りに	嗅ぎまわる
pig out	豚が外に	がつがつ食べる
put off	置く　外に	言い逃れる
rat on	ネズミが上に	密告する
runny nose	流れやすい　鼻	鼻水がたれる
show off	見せる　外に	見せびらかす
think twice	二度考える	よく考える

203

enough は諸刃の剣

I've had enough.（もううんざりなんだ！）
「お腹いっぱいです」と言ったら、相手が不機嫌に…。なぜなのか？

　週末に、アメリカ人の友人が家族揃ってカジュアルな食事に招いてくれました。双方の家族が食卓を囲んで談笑中、ホステス側（通常はその家の主婦）から、**Have you had enough?** と尋ねられたら、「食事は足りていますか？　おかわりは？」という意味です。

　まだ食べたいと思ったら、**I can't get enough** of your cooking. It's delicious.（いくらでも入りますね。おいしいです）というようなひとことを使えば、ホステスはきっと気をよくするでしょう。もう食べられなければ、Yes, **I've had enough.** Thank you.（もうお腹いっぱいです）というような表現を用いて返答します。

　ただし、I've had enough. は、一見何の不都合もない表現のようですが、時として後ろ向きの返答にとられることがあります。なぜなら、「まずいからもういらない」というニュアンスを感じ取る人もいるからです。特に、I've had enough of your cooking. と言わないように気をつけてください。これでは、「あなたの料理はまずいからもういらない」という意味になってしまいます。せっかく食事に招いてくれた知人との関

係にひびが入るかもしれません。

　ですから、より前向きな響きを持つ、Thank you. **I've had plenty.**（恐れ入ります。もう十分いただきました）というような表現を使ったほうがよい場合があります。

　あるいは、It was delicious. My stomach is full, but my eyes are still hungry.（とてもおいしい食事でした。目はまだ食べたいと言うんですが、もうお腹のほうが…）などと気の利いた表現が使えれば、きっと相手は快く思うでしょう。

　状況次第で、「もううんざりだ／これ以上がまんできない」という意味になる I've had enough. ですが、**I've heard enough.**（もう聞きたくない）という類似表現もあります。

　また **Have you had enough?** という表現も、使われる状況によって意味が変化します。例えば、わかっていながら、何度も同じ失敗を重ねる相手にこう言えば、「まだ懲りないのか？」という意味です。

　That's enough.（いい加減にしろ／もうそれで十分だ）と言えば、ケンカ腰の相手、調子に乗って勢いづいている相手の言動や行動を牽制する表現になりますが、あまりフレンドリーな言い方ではないので、注意してください。

　辛抱できなくなってしまった時に、**Enough is enough.** と言えば、「もう我慢できない」という意味です。

　いつも enough が否定的なニュアンスを持つとは限りませ

ん。前向きに聞こえる表現をいくつかご紹介します。

相手に用事を頼まれた時に、**That's easy enough.** と答えると、単に Yes.（いいよ）を意味するだけではなく、「簡単ですからすぐにやります」というニュアンスが含まれます。

That's easy enough. と言って快く頼み事を引き受けてくれた相手に、**I can't thank you enough.**（何とお礼を言えばいいか）や、**You've done more than enough.**（もうこれ以上やってもらうのは申し訳ない）と返せば、ねぎらいの思いが伝わるというものです。

ネイティブはこう言っている！

There's enough water for three more days.
　あと3日はしのげるだけの水があります。

I have enough money to go on a three-day trip.
　3日間の旅行に間に合うだけのお金はあります。

There aren't enough chairs.　いすが足りません。

Do we have enough time?　期日までに間に合いますか。

He was kind enough to help me move.
　彼は親切にも動かすのを手伝ってくれました。

I don't think this office is big enough.
　このオフィスは狭いと思います。

interest の自然な使い方

That looks interesting.（面白そうだね）
That's interesting.（へえ、そうなんだ）
相手の趣味を尋ねる時は、What are your interests? という表現が自然。

　英語には、数えられる言葉とそうでないものがあります。例えば、interest という単語は数えられます。ですから、I have **an interest** in computers.（私はコンピュータに興味があります）と言うことも可能です。ご存じでしたか。

　「あなたの趣味は？」と尋ねる時に、What are your hobbies? という表現が使われるのを耳にしますが、あまり一般的ではありません。それよりも、**What are your interests?**（あなたの興味あることは？）と言うほうが自然です。

　interests を使うと、趣味だけにとどまらず、他にも興味を持って取り組んでいる活動などをより広範囲に示せます。例えば、

A : **What are your interests?**（あなたの興味あることは？）
B : I do volunteer work to protect endangered species.
　　（絶滅の危機に瀕している動植物の保護活動のボランティアをしています）

といった具合です。

　一方、実際にそういう人がいるとは思えませんが、もし「自

分には趣味、興味、やりたいこと、楽しいことは何もない」と伝えたいのであれば、**I don't have any interests.** という表現になります。interests と、複数になることに注意してください。単数形の **I don't have any interest.** では単に、「全く興味ないね」という意味になります。

また、「興味がある」ということを示すのに、**be interested in...** という形をよく用います。

- I'm **interested in** computers.
  (私はコンピュータに興味があります)
- We're going camping tomorrow. **Are you interested?**
  (明日キャンプに出かける予定ですが、興味ありますか？)

「それは面白そうだ」と言う時には、**interesting** を使います。ですから、I'm interesting. と言ったら、「私は面白い人間です」という意味になります。「興味がある」という意味の I'm interested. と混同しないように気をつけてください。

- Here's something **interesting**.
  (面白いこと〈もの〉がありますよ)
- That looks **interesting**. (面白そうですね)

なお、**That's interesting.** では、「へえ、そうなんだ」という相槌になります。

ネイティブはこう言っている！

I hope he's interested.

彼が関心持ってくれるといいんだけど。

I'm not interested.　興味ないです。

I don't think I'm interested.　遠慮しておきます。

Why are you so interested?
　なぜそんなに関心を持つのですか？

I'll ask him if he's interested.　興味があるか尋ねてみます。

I don't think he's too interested.
　大して興味は示さないでしょう。

That's an interesting idea.　面白いアイディアですね。

mindでイライラ行為を撃退!?

Would you mind?（ちょっとやめてくれない？）
不快な相手には Would you mind?　英語でイヤミを言ってみよう！

　mindには、気をつける、嫌いだ、やっかいに思う、などの意味があります。多くの場合、否定文や疑問文で使われます。

　I don't mind.（構いません）という表現には柔軟に対応するというニュアンスが含まれています。また、「どちらでもいいですよ」という意味もあります。

▶ **I don't mind** you coming in late if you don't make so much noise.
（あまり音を立てないのなら、夜遅く帰宅しても構わない）

Don't mind me. で、「私にはお構いなく」という意味になります。

また、聞きわけのない子供には母親が、**You'd better mind me!**（言うことを聞きなさい）と言います。

買い物していてどれにしたらよいかわからない、あるいはレストランで食べたい物をなかなか決められない時には、**I can't make up my mind.**（どれにしたらいいかわからない）という表現を使います。相手がぐずぐずしてちっとも決めない場合は、Make up your mind!（〈いいから早く〉決めなさい！）と言いたくなりますね。

何か言いたそうなのに遠慮している相手、どうも沈みがちな相手を見たら、Is there something **on your mind**?（何考えてるの？）という表現を使ってみてください。

やたらと怖がりで、暗い場所にいるとすぐに「お化け！」などという人はいませんか。そういう人には、**It's all in the mind.**（気のせいです／考えすぎです）と言ってあげましょう。例えば、I think I saw something moving behind that tree.（あの木の陰で何か動くのが見えたんだよ）などと言ってびくびくしている相手がいたら、Nah, it's all in your mind.（いやいや、気のせいだよ）とひとこと。

Would you mind helping us?（手伝っていただけませんか？）は丁寧な依頼の言葉です。**Would you mind** helping us

a little? というと、少々遠慮した感じが出て、さらに丁寧に聞こえます。

Would you mind ...ing? 形で「(お願いしても) いいですか?」という丁寧な依頼ができますが、イライラさせる行為をしている相手に対して、アメリカ人は Would you mind? という表現をよく使います。これは、「やめてくれないか?」という意味で、少々イヤミを含んでいます。

ネイティブはこう言っている!

I don't mind at all.　私はちっとも気にしません。
I really don't mind.　全く気にしませんから。
What's on your mind?　何を考えているの?
He has something on his mind.　彼には悩みがある。
You're out of your mind!　正気なのか!

---

hope には悲観的なニュアンスもある?

I hope so.（無理でしょう、きっと）
wish と同様、使い方によってはイヤミな表現になってしまうことも。

hope という言葉は大変前向きで、多くはそのような意味で使われています。Don't give up hope. と言えば「希望をなくさないで」、We always have hope. は「いつだって希望はあ

ります」という意味です。

　お客をもてなす時、日本では「何もありませんが、どうぞお召し上がりください」と言います。贈り物をする時は、「つまらないものですが…」と言って渡します。その贈答品には、わざわざ「つまらないもの」を意味する、"粗品"という熨斗を付けたりします。アメリカ人は、この日本独特の言葉遣いに大変混乱します。

　それでは、「何もありませんが、どうぞお召し上がりください」「つまらないものですが…」という日本語は、英語ではどんな表現を使うのでしょうか。実はどちらも、**Hope you like it.**（気に入っていただけるといいのですが）というひとことで表現できてしまうのです。

　挨拶にも、hope を使った表現がたくさんあります。別れの挨拶としてよく使われるのが、**Hope to see you again.**（じゃ、また）という表現です。ただし、注意していただきたいのが、これが再会の予定のない相手、例えば日本にいる知人が本国へ戻る時などに対して使われることが多いという点です。直訳は「また会えますように」ですが、実際は「さようなら」という意味です。

　しかし、時には多少否定的でイヤミを含むことがあります。例えば、**I hope so.**（無理でしょうけど）と言う時です。
A : I'll be there on time.（約束の時間までには着きますよ）

B : **I hope so.** (無理でしょう、きっと)

また、**I hope not.** と言う時には、イヤミや怒りが含まれることがあります。

A : **I won't break your computer.**
　　(あなたのコンピュータを壊したりはしませんよ)

B : **I hope not.** (壊れてたら、大変ですよ)

同じようなニュアンスを持つ、**I hope you're right.**（間違いだったら、大変だよ）という表現もあります。**I should hope so.** とか **I should hope not.** と言うと、イヤミがさらに強調されます。

ネイティブはこう言っている！

There's no hope.　見込みはないな／望み薄だね。
I'm not out of hope.　望みを失ったわけではありません。
I hope you feel better.
　お大事に。(注：主に病人に対して使われる表現)
I hope you find it.　見つかるといいね。
I sure do hope so.　全くそう願うよ。
I sure hope you can come.
　ぜひとも来られるよう願っています。
I hope he comes.　彼は来るんでしょうね。

bad は「悪い」のか「良い」のか?

Not bad. (すごくいいよ!)
その bad は、いい意味? それとも悪い意味?

That's bad. を直訳すれば、「それはひどいな」になります。しかし、物事というのは、時には見かけとは全く反対のことを意味する場合があります。bad もしかりです。That's bad. という表現も、近頃では「良い」という意味で使われることが多々あることをご存じですか。

素晴らしい車を前にして、**That's a bad car.** と言えば、「かっこいい車だなあ」という意味です。アメリカのミュージシャンの間では、bad であることは同時に cool なことだと考えられているようです。彼らは、bad、badder、baddest などという表現を使って、互いを格付けすることもあります。けれども、このような bad の使い方は、中高年世代では稀なものです。加えて、この用法は非常にくだけた表現です。

bad は、以下の例文のように、通常は「悪い」という意味で使われます。

▶ I had a **bad** day today. (今日はさんざんだった)
▶ She was in a **bad** accident. (彼女はひどい事故に遭った)
▶ There's a **bad** storm coming. (大変な嵐がやってくる)

ただし、bad を否定の形にした時に混乱が生じることがあると思います。例えば、**Not bad.** という表現は、どういう意味になるのでしょうか。直訳すると「悪くない」ですが、実際は非常にポジティブなニュアンスがあります。つまり、この場合、「悪くない」ではなく、「すごくいい」という意味になるのです。例えば、以下のような場合です。

A : How was that movie?（あの映画どうだった？）
B : **Not bad.**（良かったよ）

ところで、How are you?（元気？）という挨拶に対して、いつも単に Fine. と答えていますか。たまには、代わりに Not bad.（すごくいいよ）と言ってみてはいかがでしょうか。このほうが、明るく積極的な印象を与えます。同じ意味で、**Not bad at all.** とか **Not too bad.** と言うこともできます。

くれぐれも、**It's not that bad.** などとは言わないようにしてください。これでは、「文句を言うなよ」という意味になるので、How are you? と尋ねた相手は大いに困惑することでしょう。これは、不平や文句を言っている相手に対して使われる表現なのです。

A : This is boring. I can't stand it.
　（これは退屈だよ、我慢できない）
B : **It's not that bad.**（そんなに文句言うなよ）

「あまりにも〜すぎる」を意味する too を加えた **That's too bad.** という表現もよく使われます。これは、「それは悪すぎる」

215

という意味ではなく、「それは残念ですね」という意味になります。

A : My girlfriend left me.（彼女にふられちゃったよ）
B : **That's too bad.**（それは気の毒に…）

ネイティブはこう言っている！

My eyes are bad.　目が悪いです。

I have some bad news.　悪い知らせがあります。

Japan has been going through some bad times.
　日本はずっと困難な時期を通ってきています。

He's not a bad person.
　彼は〈嘘つきだけど〉悪党というほどひどくはないよ。

Something bad is going to happen.
　何かよからぬことが起こりそうだ。

What's so bad about my idea?
　私の考えのどこがそんなに問題なんですか？

---

believe の大いなる力

I don't believe so.（私はそうは思わない）

think の代わりに believe を使うと、ややソフトな印象になることもある。

　毎日届く英語のダイレクトメールの多くが、We feel that

our product is... という書き出しで始まっています。feel が使われているので、こちらはこの書き手が考えるのをやめ、感情にうったえる手段に出たのかと思ってしまいます。

では、feel ではなく、We believe... や We think... ではどうでしょうか？　どちらがより力強いと感じますか？

多くの人が believe のほうが力強いと言うでしょう。でも、ちょっと待ってください。次の「雨が降るんじゃないかな」という意味の2つの例文を比べてみてください。

▶ I think it's going to rain.
▶ **I believe** it's going to rain.

ネイティブにとっては、believe はためらいと希望を示唆するので、think より若干弱く感じるように思えます。しかし、実際には力強さにほとんど差はなく、その違いを感じ取ることはできません。

もうひとつ、次の例文を見てください。

▶ I think he's lying.
▶ **I believe** he's lying.

この例文では、どこにアクセントを置くかで多少文章の意味が異なってきます。もし、I と lying の部分を強く発音すれば、どちらも「彼は絶対嘘を言っている」という意味になります。I だけを強くすれば、「彼は嘘をついてるんじゃないかな」という意味です。

ただ、I believe... のほうが I think... よりも使われる頻度が少ないようです。ためらいと希望を示唆することが、その理

由だと思われます。

次の「そうは思いません」という例文でも、意味はほとんど同じです。

▶ I don't think so.

▶ I don't believe so.

とは言え、これも、ためらいのニュアンスがあるために、I don't believe so. のほうがややソフトな印象を受けます。

ただ、believe が付けばどんな場合でも和らいだ表現になるかと言えば、単純にそうとは決められません。例えば、I think there are angels. と言えば、「天使っているんじゃないかな」というニュアンスですが、**I believe** there are angels. と言うと「天使がいることを固く信じている」というだけでなく、宗教的な信仰を持つというニュアンスがあります。

また、常に believe と think が入れ替えできるとは限りません。例えば、believe in（〜を信じる）という表現を、think in とすることはできません。**I believe you.** は、「あなたの喋ったことを信じる」ということですが、in を付けると意味が変わってきます。

believe in というのは、誰かの陳述や行為を「信じる」ことではなく、そのものの信頼性や存在を「信じる」ことを示唆します。したがって、I **believe in** God. は、「私は神の存在を信じています」という意味です。

believe it or not という表現が会話でよく使われますが、直

訳は「(あなたが) 信じようと信じまいと／信じてもらえないかもしれないが…」というところでしょうか。しかし実際は「不思議なことに／驚いたことに」という程度の意味です。

▶ **Believe it or not**, I passed the test.
(驚いたことに、試験に合格しました)

ネイティブはこう言っている！

Don't you believe me?
　私が嘘をついてるとでも言うのですか？
Do you believe me?　私の言っていることを信じますか？
That's hard to believe.　それは信じがたいです。
I don't believe everything he said.
　彼の言ったことは全て信じられません。
I can't believe my eyes.　自分の目を疑ったよ。
Do you believe in the Bible?
　聖書に書かれていることを信じますか。

sound が「音」を意味しないこともある

That idea is sound. (いい考えだね)
「音」を意味しない sound を使った表現、こんなにたくさんある！

sound は音のことです。車を運転していて、突然エンジン

付近から妙な音が聞こえてきたことがありませんか。そのような時は What's that sound?（何の音？）と言います。病院などで騒いでいる子供をたしなめる時には、Don't make a sound.（静かに）というひとことが使えます。これには少しも音はたてるなというニュアンスがあります。

しかし、日本語の意味にこだわっているとわからなくなる表現がたくさんあります。

例えば、**That idea is sound.** という表現はどんな意味でしょうか。sound には「確固とした」「強固である」「よい」「建設的である」という意味もあります。ですから、この表現は「よい考えだ」という意味になります。**I don't think that's sound thinking.** のような否定の形になると、「それはあまりよくないと思う／やめたほうがいいと思う」という意味になります。

Sounds good. という例はいかがでしょうか。音響機器を指して「あれはよい音だ」という意味でも使えますが、たいていは積極性と好奇心がにじんだ「ええ、いいですよ／いいですねえ」という表現として使われています。単に Yes. と言うよりも期待感が伝わります。

A : Let's have a party.（パーティやろうか）
B : **Sounds good.**（いいねえ）

I like **the sound of that.** という表現も、音響機器の音質に

ついて言及している場合もありますが、計画や提案が見込みのありそうな場合にも使えます。

A : We're thinking about having a pajama party. It should be fun.（パジャマ・パーティをやろうかと思っているんだけど。きっと面白いと思うよ）

B : I like the sound of that.（いいですねえ）

　学校のゼミや会社の会議で何か提案をしたい、でも他の人がどう考えているかすぐにフィードバックがほしい、そんな時は How does that sound?（それってどう思いますか？）という表現が使えます。これに対し、相手は気に入れば It sounds good. と言うでしょうし、気に入らなければ It doesn't sound very good. と言うでしょう。

　相手の考えや事実などを探ったり、意向を打診する時は **sound out** という表現が使えます。I **sounded** him **out** about the matter.（その問題について、彼の意向を探った）という具合です。

ネイティブはこう言っている！

I don't like that sound.　その音は嫌いです。
She has a sound mind.　彼女はしっかりした考えを持っている。
It sounds like you're not interested.　興味ないみたいだね。
That sounds easy.　簡単そうですね。
You sound worried.　心配そうですね。

That doesn't sound too good.　あまり良くないみたいだね。
It's easier than it sounds.　言われたほど難しくありません。

thankでもっと感謝の気持ちを伝えよう

How can I ever thank you?
（なんと感謝したらいいのか…）
感謝の気持ちを伝えるフレーズは、たくさん覚えておこう。

「英会話を学ぶ時にはどこから始めればよいですか」という質問を受けます。そんな時は「感謝の表現」を覚えることから始めるのがよいでしょうと答えています。

　感謝を表すのに Thank you. というひとことを使うのは誰でも知っています。このあじけない表現も、Thank you **ever so much.** とすることで感謝の深みが出ます。これ以外にも実に多くの表現があります。

　また、一見質問のように見える **How can I ever thank you?** という表現は、「なんと感謝したらよいか…」という意味になります。

　ちょっとしたプレゼントを添えて感謝の気持ちを表したい時があります。そのような時は、**I'd like to thank you** by giving you this. というような表現が使えます。

　「あなたのおかげです」と言う場合には、**Thanks to you.** と

いうひとことがあります。

▶ I finally graduated, **thanks to you.**
（ついに卒業できました。あなたのおかげですよ）

　ある大きなプロジェクトに携わっていました。ところが、手伝うと言っていた人が少しも手伝ってくれません。プロジェクト完成間際になって、完成したかどうかを尋ねてきました。そこでひとこと、**No thanks to you.**（あなたは少しも助けてくれませんでしたが、プロジェクトは完成しました）。

　この表現には、相手へのいらだちとイヤミが込められています。

　子供に英語で Thank you. と言うようにしつける時は、Say thank you. という表現がよく使われます。What do you say?（何か言い忘れてない？）というひとこともあります。

A : I brought you some candy.（キャンディを持ってきたわよ）
　　—無言でキャンディを受け取ろうとする子供—
A : What do you say?（あら、何か言い忘れてない？）

Thank you for trying so hard.（一生懸命やってくれたね）という表現は、結果が悪かった時だけに使われます。物事の過程より結果ばかりを重視するとよく言われるアメリカの社会ですが、実はこのような表現もちゃんとあるのです。

実際に使うことはあまりすすめられませんが、「ああ、助かった」と安堵感を示す時にThank God. Thank Heavens. Thank the Lord. Thank Christ. Thank goodness.といった表現が使われます。「感謝します」という意味で、キリスト教からの影響を受けています。goodnessを除けば、それぞれ名詞が全て大文字になっていることにお気づきですか。これは「唯一神」であることを示唆します。なお最後のgoodnessは、Godと言うのを避ける表現です。「神の名をむやみに唱えるな」という聖書の教えからの影響が表れています。

ネイティブはこう言っている！

I can't thank you enough.　お礼の言いようがありません。
Thank you for all you've done.
　あなたのご厚意全てに感謝します。
Thank you for coming.　来てくれてありがとう。
Thank you for your help.　手伝ってくれてありがとう。
Thank you for your time.　時間を割いてくれてありがとう。
Would you thank him for me?
　彼にくれぐれもお礼を言っておいてください。

fine に「もち肌」の意味がある !?

You have fine skin. (君ってもち肌なんだね)
I have a fine pen. は「よいペン」? 実は、先が細いペンのこと。

多くの人が、口語の英語を習い始めて最初に覚えるのが、How are you? と尋ねられた時の返答である **Fine.** もしくは **I'm fine.** という表現でしょう。

この I'm fine. という表現は、「他の人の助けはいらない」という意味でも使われます。例えば、Let me carry that bag for you.(そのかばんを運ぶのを手伝いますよ)と言われて、**I'm fine. Thank you.**(大丈夫です。どうも)と答えるような場合です。

また、相手からの勧めや誘いを断る時にも使われます。Would you like some dessert?(デザートはいかがですか?)と尋ねられたら、**I'm fine.**(いいえ、結構です)と答えます。No thank you. と言うのとほぼ同じニュアンスだということがわかりますか。丁寧に断りたいなら、No thanks. I'm fine. と言います。

「何でもいいよ」と言う時に、anything と everything を混同してしまうことが多いようですが、基本的に **Anything is fine.** と言えば「何でもいいです」という意味で、Everything is

225

fine. と言う場合は、「万全です／全て不備はありません」という意味になります。

　例えば、レストランなどでの次のような会話で用いられます。

A : Can I get you anything else?
　　（何か他にもお持ちしましょうか？）
B : No, everything is fine.（いや、これで十分だよ）

　状況によっては、イントネーションを変えるだけで、「もうどうでもいいよ／どうぞご勝手に」という非常に後ろ向きでイヤミを含んだニュアンスが出ます。

A : I'm going to go without you.（あなたは置いて行きます）
B : Fine.（どうぞご勝手に）

　単に「私はそれでもいいですよ」ということを伝える時は、Okay. や No problem. と言うほうが印象がよくなります。

　晴天の時には、It's a fine day.（今日はいい天気だ）と言うことができます。同じ意味で、誰かが良い仕事をした時は、You do fine work.（よくやってくれた）という表現が使えます。

　I got my car fine-tuned. は、「車のエンジンを最良の状態に調整した」という意味ですし、fine art は「美術品」のことです。the fine arts で、絵画、彫刻、建築などを含んだ「美術」全般を意味します。

　元来「細かい」という意味を持っていた fine ですが、もちろん現在でもこの意味でよく使われています。

I have a fine pen. と言えば、「よいペン」ではなく、普通は「先が細いペン」を意味します。**fine hair** は「細い髪の毛」のことですし、**fine skin** と言えば、「もち肌」という意味です。

ネイティブはこう言っている！

I hope it'll be fine.　うまくいきますように。
That's fine with me.　それでいいです。
You're doing fine.　いい線いってますね。
You'll be fine.　元気になりますよ。

talking head って何者!?

He's all talk. (彼って口ばっかりね)
We need to talk. と上司に言われたら、覚悟が必要かも…。

What are you talking about? という表現をしばしば耳にしていると思います。話し手と聞き手の間で話の内容がうまくかみ合っていない時に使われます。状況によって「何言ってるの？／何の話？／それはどういうこと？」という具合にニュアンスが少しずつ変化してきます。

A : You stole my pen.（私のペン、盗ったでしょ）
B : **What are you talking about?** I didn't take it.
　　（何の話？　盗ってないよ）

解決策が見つかるまで互いに話し合いたい時は、**Let's talk this out.** という表現が役に立ちます。

▶ **Let's talk** this problem out.
（この問題についてじっくりと語ろう）

しかし、特に目上の人間から **We need to talk.** と言われたら、ちょっと覚悟してください。この表現が使われる時は話の内容が深刻な場合が多いからです。**I need to talk to you.** という場合は、ふつうに「話がある」ということなのでそれほど気に病むことはありません。

You can't talk. は「君は話すことができない」という意味ではなく、「君だって偉そうなことは言えない／君も同罪だ」という意味です。**You're one to talk.** も同様の意味でよく使われます。

友人同士で飲みに出かけ、つい飲み過ぎてしまうこともありますよね。そんな時誰かが真っ青な顔をして、**I have to talk on the big white phone.** と言いながら、ふらふらと席を立つのを見たことがありますか。"白い大きな電話"をかけに行くとは、はて…？　想像力を働かせてみてください。どこへ何をしに行ったのでしょうか。

ニュース・ショーのキャスターが首から上しか映らないのはほぼ万国共通です。そこから、彼らを呼ぶ時に **talking head** というスラングが生まれました。

▶ Do you know some of these **talking heads** earn millions a year?
（アナウンサーの中には年に何億も稼ぐ連中がいるって知ってた？）

目当ての女性に甘い言葉を囁きかける。これはそのまま **sweet talk** という表現です。女性を口説くのに長けている人は **sweet talker** と言います。ただし、女性の中には Sweet talk won't work on me.（甘い言葉なんて通用しないわよ）というツワモノもいますので。

赤ちゃんに喋るような言葉で話す人がいてぎょっとすることがありますが、これは **baby talk** といいます。

口先ばかりでちっとも行動が伴わない人には、**He is all talk.** と苦言を呈することがあります。話ばかりでは何の役にも立たないという時は **Talk is cheap.** 世間の話題に上っていることを **talk of the town** と表現します。

ネイティブはこう言っている！

Can I talk to you?　ちょっと話があるけどいい？
Let's talk about it.　話し合いましょう。
Why don't you talk to her?　彼女に話してみたら？
I don't have time to talk now.　今忙しくて話せません。

コラム　column

2語つなぐと全然別の意味になるフレーズ

　既におわかりのように、英語は使われる状況によって意味が大きく変化することがあります。単語を2つ連結した時に、思いもよらない結果が生まれることもあります。ここに紹介する各々の単語の意味はご存じだと思いますが、2つが組み合わさった時の意味やニュアンスの変化に注意して見てください。

absent(欠席) + mind(脳) = absentminded(忘れっぽい)
after(後) + taste(味) = aftertaste(後味)
after(後) + thought(考え)
　= afterthought(後からの思いつき)
age(年齢) + less(より少ない) = ageless(不老の、永遠の)
air(空気) + head(頭) = airhead(頭が悪い)
back(後) + bite(噛む) = backbite(悪口を言う)
back(背中) + bone(骨) = backbone(気骨がある、背骨)
black(黒い) + mail(郵便) = blackmail(恐喝)
blood(血) + thirsty(喉の渇き) = bloodthirsty(無残な)
bone(骨) + head(頭) = bonehead(ばか者)
breath(息) + take(取る) = breathtaking(はらはらさせる)
busy(忙しい) + body(体) = busybody(おせっかいな人)
cheap(安い) + skate(スケート) = cheapskate(けち)
crack(割れる) + brain(脳) = crackbrain(気のふれた人)

dead(死ぬ) + beat(打つ) = deadbeat(お金を払わない人)
fire(火) + bug(虫) = firebug(放火魔)
half(半分) + heart(心) = halfhearted(気乗りのしない)
left(残す) + over(余分) = leftovers(残り物)
out(外) + law(法) = outlaw(無法者)
step(階段) + child(子供) = stepchild(継子)
under(下) + age(年齢) = underage(未成年の)
up(上) + end(終点) = upend(逆さに立てる)

wish は基本的にネガティブなニュアンス

You wish. (無理だね)
語感とは異なり、ネガティブなニュアンスを持つことが多い。

　日本では、流れ星を見た時に願い事をすればかなうと言います。アメリカでは、誕生日のパーティでケーキのキャンドルを吹き消す時になると、誰かが **Make a wish.**（願い事は？）と言います。そして、願い事をした後に勢いよく消します。何をお願いしたかは誰にも明かさないことになっています。
　日本では正月が一年の大切な行事ですが、アメリカではキリスト教の信者でなくとも、クリスマスを盛大に祝います。毎年11月も末になると、**I wish you a Merry Christmas.** とい

う挨拶がいたる所で聞かれるようになります。

　日本語の手紙は「敬具」や「敬白」で結びますが、アメリカでは手紙やメールの結びに **Best wishes.** というひとことがよく使われます。「それでは／よろしく」という程度の意味です。ただし会話の中で使われることはありません。

　wish は希望とか望みという意味なので、ポジティブな印象を持っているからかもしれません。しかし、否定的なニュアンスを含む表現のほうが圧倒的に多いのです。例えば、**I wish.** という短い表現があります。直訳すると「私は望みます」ですが、実際は「…だったらいいのになあ」という意味です。つまり、「無理だ／あり得ない」ということです。

　この表現では、主語を I から you に変えることもできます。**You wish.** とすると、「あなたには無理でしょう」という意味になります。

A : I'm going to win a gold medal.
　（金メダルをねらってるんだ）
B : **You wish.** You're 40 pounds overweight.
　（無理だね。40ポンドも体重を超えてるもの）

　I wish I could. という表現は、実は I wish I could, but I can't. という表現を短くしたもので「できたらいいけど、できない」という意味になります。

A : Can you go camping with us?

(一緒にキャンプに行ける？)

B : **I wish I could.**（ごめん。無理だよ）

A : **I'm going to Hawaii for the summer.**
（この夏はハワイに行く予定なんだ）

B : **I wish I could do that.**（私もそうできたらなあ）

 I wish you wouldn't... で、相手にやめてほしいと依頼する時の表現にもなります。例えば、

▶ **I wish you wouldn't do that.**
（あんなことしてほしくないけど）

▶ **I wish you wouldn't tap your foot.**
（足をぱたぱたさせないでほしいのですが）

▶ **I wish you wouldn't play the music so loud.**
（そんなに大音量で音楽を鳴らしてほしくないのですが）

という具合です。大変丁寧なひとことですが、若干イヤミを含むこともあります。

ネイティブはこう言っている！

I wish he would come.　彼が来られたらいいのに。
I wish I hadn't said that.　あんなこと言わなきゃよかった。
I wish you hadn't said that.
　そんなこと言わなかったらよかったのに。
I wish you had been on time.
　指定した時間通りに来てほしかったですね。

I wish you were right.　あなたが正しければなあ。

idea が「アイディア」ではない意味に !?

I have no idea.（そんなこと全然知らなかった）
I have no idea. と I have no ideas. の違いをマスターしよう。

　アメリカ人が idea という単語を使う時、日本語の「アイディア」という意味で使うことはほとんどないことにお気づきですか。I have an idea. と言えばもちろん、「アイディアがある」という意味ですが、会話の中ではこの表現はさまざまな意味を生じるのです。

　例えば、**I have an idea.** Let's go to the movies. と言えば、「ねえねえ、映画に行きましょうよ」、**I have an idea.** Let's get a pizza. では、「ピザはどうかな？」という具合です。

　最初の例は「何か面白いことをしよう」、次の例は「これはどう？」というニュアンスです。「何かアイディアはある？」という意味の表現は、Do you have **any ideas?** といった形になります。また、**Here's an idea.** と言えば、かなりくだけた表現で「こんなアイディアはどう？」という意味です。

　否定の形にした **That's not a good idea.** という言い方は、「よい考えではない」という訳になりますが、実際は「それには同意しかねる」という意味合いの表現になります。That's a bad idea.（そいつはひどい〈案だ〉な）と言ったのでは、相手を傷つけることになります。しかし、はっきり「ノー」という意思表示をしたい。それを婉曲に示唆しているわけです。

驚かれるかもしれませんが、idea は主に「わかる」という意味でも用いられています。例えば、**I have no idea.** という表現は、「わからない／理解できない」という意味で、「少しもわからない」ということが強調されています。

A : Alice and George are getting married.
　（アリスとジョージが結婚するそうです）
B : **I had no idea.**（そんなこと全然知りませんでした）

この I have no idea. を、「私にはよい考えがない」という返答として使われているのをよく耳にしますが、これではネイティブは混乱してしまいます。「私にはよい考えがない」と言いたいのであれば、I have no **ideas.** と、idea を複数形にした表現を使います。

ある日本人の留学生の話です。大学で同じクラスで履修している、アメリカ人の女子学生がいつも親切にしてくれるので、すっかり自分に気があると思い込んでしまいました。ある日、彼は思い切って彼女にデートを申し込みましたが、いつもの親切な彼女の態度が豹変し、やや怒ったような口調で、**Don't get any ideas. I'm taken.** と言われてしまいました。彼は、「何か悪いことを言ってしまったのだろうか？」と考えま

したが、その時は彼女の言った表現の意味がわかりませんでした。後でこれが、「変なこと考えないでね。もう付き合ってる人がいるんだから」という意味だとわかり、ふられてしまったことを知ったのでした。

ネイティブはこう言っている！

What's the idea?　どういうことですか？
I have a good idea.　妙案がありますよ。
I don't think that's a very good idea.
　それはやめたほうがいいんじゃないでしょうか。
Good idea.　なるほど。
Does anyone have any idea?　誰か事情を知っていますか？

hearとlistenは大違い!

My hearing isn't very good. (私、耳が遠いんです)
「ヒアリングが苦手です」と言ったつもりが誤解を呼ぶことに…。

　My hearing isn't very good. と言っているのを時々耳にします。「英語のヒアリングが弱い」という意味なのでしょうか。実はこれ、「耳が遠い」という意味なのです。
　英語の「聴き取り」が苦手と言うなら、I'm not good at listening comprehension tests in English. というような表現を

使います。

　hearとlistenの違いについて少し考えてみましょう。hearには、「何かが耳に届く」というニュアンスがあります。例えば、Suddenly, I **heard** a very strange noise.（突然、とても奇妙な音を聞いた／が聞こえた）、I **heard** a bird singing.（鳥がさえずっているのを聞いた／聞こえた）という場合です。

　listenは、鳴っている音に対して注意を払っていることを示します。つまり、「聴こうと集中している」というニュアンスがあります。I'm **listening to** a CD.（CDを聴いています）と言う場合「できるだけ明瞭に聴けるよう努力している」というニュアンスがあります。

　つまり、意識しなくてもhearすることは可能ですが、意識しなければ、listenは不可能だということになります。日本語でも、「聞く」と「聴く」という漢字を区別して使っていますが、同様のニュアンスがあります。次のような例文を見れば、わかりやすいでしょう。

▶ I **heard** Lucy talking over the phone, but I didn't really **listen to** what she was saying.
（ルーシーが電話で話しているのは聞いたけど、何を言っているのかよく聴いていませんでした）

　演説やプレゼンを頼まれた時に、聴衆がよく聞き取れているかを確認したい時があります。そんな時に、**Do you hear me?** などと言ってはいませんか。これでは、「わかったか？」

という怒りを含んだ表現になってしまいます。また、過去形にして **Did you hear me?** と言っても同様に「言ったことがわかっているのか？」という意味です。

「聞こえますか？」と問いたいのであれば、can を使い、**Can you hear me?** という言い方をするのがふつうです。

何か話したいことがあり、相手の注意を引きたい時は、**Have you heard?** という表現が使えます。これは「ねえ、聞いた？」という意味です。何について聞いたかは述べていないので、相手は What?（何を？）と返答するはずです。

ネイティブはこう言っている！

I heard you're coming. 　お見えになるとうかがっていました。
That's not what I heard. 　聞いていた話と違います。
Did you hear what I said? 　私の言ったことがわかったかね？
I haven't heard from him today.
　今日はまだ彼から連絡がありません。
I'm sorry to hear that. 　お気の毒に／それを聞いて残念です。
（注：訃報など悪い知らせの時）
I'm glad to hear that. 　それはよかったですね。

mean で「本気度」を表そう!

Do you mean that?! （冗談でしょう？）
I mean it. と答えるだけで、すごく英語慣れした人に見える!

　まずは、What does this **mean**? から。これは「これはどういう意味ですか？」という意味の表現です。

　That's not what I **meant**. と言えば、「私が言いたかったのはそうではなくて…」という意味になります。

A : Let's not get a pizza.（ピザはやめましょう）
B : You don't like pizza?（嫌いなのですか？）
A : That's not what I **meant**. I had pizza yesterday.
　　（いや、そうじゃなくて、昨日食べたばかりなんです）

　相手が混乱するようなことを言って理解できない時は、Tell me what you **mean**.（あなたの意図するところを教えて）という表現があります。同じ意味で、What do you **mean** by that?（どういう意味ですか？）、What does that **mean**?（それってどういうこと？）と言うこともできます。

　また、What's that supposed to **mean**?（それはどういう意味ですか？）などといった言い方もありますが、こちらは怒りや当惑を含んだ表現です。

　同じ疑問文でも、**Do you mean... ?** という形を取る表現には、

239

「どんな意味」というニュアンスはなく、「本気あるいは本心からそう言っているのか」という意味になります。

▶ **Do you mean it?**（本気ですか？）

相手の述べることが到底本気だと思えない時は、**Do you mean that?**（それって、本気？）という表現を使います。これには怒りが含まれています。

A : I'm going to quit!（やめるよ！）
B : Do you mean that?!（冗談でしょう？）
A : Yes, I do.（いや、本気だよ）

「本気ではなかった」「そんなつもりではなかった」という時には、**I didn't mean that.**（あんなつもりではなかった）という表現が使われます。I didn't mean to worry you. なら「心配させるつもりはなかったけれど…」という意味です。また、**I mean it.** なら「本気です」という意味になります。

単なる相槌としてもよく使われます。例えば、**I know what you mean.** という表現は、「わかりますよ（言いたいことは）」という意味でも使われますが、「なるほど／そうですか」程度の相槌として使われています。I see what you mean. でも同じです。

You know what I mean? と疑問の形にすれば、「わかるよね？」と確認するニュアンスになります。これも相槌程度に使うのがよいでしょう。

mean にはまた「意地悪」という意味もあります。**You're**

mean! と言えば「あなたはひどい人だ！」ということです。mean な人には気をつけましょう。

ネイティブはこう言っている！

What does this word mean?　この単語の意味は何？
He means nothing to me.　彼は全く大切な人ではない。
Say it like you mean it.　心を込めて言ってください。
（注：口先ばかりのことを言う相手に対して）
Don't be so mean to him, he's doing his best.
　彼も一生懸命やってるんだから、そんなにいじめないで。

break 「壊す」から派生する意外な意味

I'm broke. （俺、カネ持ってないよ）
モノではなく、人が "break down" すると、どうなっちゃうの？

　break は「壊す／壊れる」を意味する動詞であり、また「休憩」を意味する名詞であることはよくご存じでしょう。このほかにも、たくさんの用法があります。それらについて見ていきましょう。ではまず、「壊す」という意味の例文から。

▶ I **broke** the window.（窓を壊した）
▶ I **broke** my leg.（脚を折った）
▶ He **broke** my heart.（彼にふられた／彼が心を傷つけた）

日本語に訳す時には若干の違いがありますが、どれも「壊す」という基本的な意味においては違いはありません。では、お付き合いをしている相手が Let's break up. という表現を使った時はどうでしょう。これも「壊す」ことに違いはありませんが、「別れましょう」という意味になります。

「壊す」あるいは「壊れる」ものが、車などの複雑な機械などの場合は、break down を使います。My car broke down. (車が故障しました)といった具合です。

　ただし、単純な機械には break down は使いません。例えば、コピー機などには代わりに not working のような表現を使います。

▶ This copy machine doesn't work.
　(このコピー機は故障しています)

▶ This lock isn't working. (このカギは使えません)

などがその例です。

　break down を人に用いた場合はどうでしょうか。He broke down. は、「彼が壊れた」という意味にはなりません。物理的な力に屈したというより、「精神的に打撃を受けた」「圧力に崩れた」という意味になるのです。

▶ He broke down and started crying.
　(彼はこらえ切れずに泣き出した)

▶ She broke down and confessed.

(彼女は取り乱し、告白した)

▶ He **broke down** and told me the truth.
(彼はついに屈服し、真実を打ち明けた)

「壊す」とは全く違う意味で他によく使われる表現に、**I'm broke.** があります。この場合の break には、「破産させる」あるいは「持ち金がない」という意味があります。例えば、誰かに遊びに行こうと誘われた時に I'm broke. と言えば、「お金がないよ」という意味になります。

break は「休憩」という意味の名詞としても使われていますが、**Give me a break!** と言っても、「休憩をくれ」の意にはなりません。これは「冗談はよしてください」という意味です。勝手なことを言う友人や、でたらめな理由を並べて失敗の責任を逃れようとする相手などに使えます。

それでは、**Give her a break. Let her handle it.** と言う場合はどうでしょうか。これは、「彼女に機会を与えなさい。彼女に任せなさい」という意味になります。

ネイティブはこう言っている！

The vase broke into pieces. 花瓶はバラバラに壊れました。
Someone broke into my house while I was gone.
 空き巣に入られました。
She broke up with me. 彼女にふられました。
When did that band break up?

あのバンドが解散したのはいつですか？

George broke out of jail.　ジョージは脱獄しました。

The negotiations broke down.　交渉は決裂しました。

I'm going to try to break the world record.
世界記録を塗り替えるつもりだ。

Why did you break your promise?
なぜ約束を反故(ほご)にしたのですか。

Are you ready for a break?　休暇が近いですね。

---

wrong で相手を気遣う表現をマスター

What's wrong?（どうしたの？〈大丈夫？〉）
素直に I'm wrong. と、誤りを認めるのが大人ってものですよね？

　何の誤りもなく、物事全てがうまくいけばよいですね。しかし、現実はそうはいきません。この世で生きている限り、問題に取り組んでいかなければなりませんから、まさかの時の wrong（誤り）のためにこれらの表現を学んでいきましょう。

　right（公正）の反対が wrong（不正）です。正気を失った人、あるいは若さゆえに引き起こした犯罪などを問題にする時は He doesn't know **what's right or wrong**. と言ったりします。「彼には善悪がわからないんだ」という意味です。

　議論や口論で相手の間違いを指摘する時に **You're wrong!**

(間違ってるよ！) とか **You're wrong about that!**（それは違う！）と言っていませんか。これにはかなり強く非難しているニュアンスが含まれています。これは **I think you're wrong.**（間違っていると思いますね）とすることで、印象が柔らかくなります。

逆に語意をさらに強めたいなら、You're always wrong!（君が正しかったためしはない！）や、I'm always right!（いつだって私が正しい！）と言うことができます。

時には自分の誤りを認めることも大切です。そんな時は **I'm wrong.**（私の間違いです）あるいは、**I was wrong, I'm sorry.**（私が間違えていました、すみません）というひとことがあります。アメリカ社会では、自分の非を認めてきちんと謝罪することは、精神的に mature（大人）であるとみなされます。

誤りがより深刻な場合は、**I feel wrong about what I did.**（自分がしたことを反省しています）と言うこともあります。

信用していたのに、後で気づいてみればだまされていた、悪事に利用されていた、ということもあるかもしれません。そのような時は **I've been wronged.** と言うこともできます。こういう表現も知っておくほうがよいと思いますが、実際に使うことはないように祈ります。

wrong を使って相手の心身の状態を尋ねることもできます。**What's wrong?**（どうしたの？）というひとことは、相手への思いやりがにじみ出ている表現です。精神、肉体状態どち

らについてもこの表現で尋ねることができます。

ただし、**What's wrong with you?** と言うと「なんだよ？」というニュアンスが出て、イヤミに聞こえることもありますからご注意を。

ネイティブはこう言っている！

Do you think I'm wrong?　間違えていますか？
Something's wrong.　何かがおかしい。
Did I do something wrong?
　私が何か変なことをしましたか？
Do you know what you did wrong?
　自分の誤りがわかりますか？
Nothing's wrong.　不正など存在しない。
No one likes being wrong.
　よこしまでいたいと思う人はいない。

wait の実践的な使い方を覚えよう

This can wait. （後回しでも構わないよ）
I can't wait. は不満ではなく、「楽しみです」というニュアンス。

私たちの一生のうち、待ち時間にどれくらい費やすか考えたことがありますか。まず、主に職場で役に立つ表現をご紹

介しましょう。

　顧客の訪問を受けた時や、電話を取り次いで相手を待たせる時、あるいは待たせてしまった時には、**Sorry to make you wait.**（お待たせしました）という表現が使われます。

　同様の状況で、相手を待たせる時に **Thank you for waiting.**（お待ちください）という表現があります。

　電話を受けたり、顧客が訪問してきた時には、

▶ Do you mind waiting?
▶ Would you like to wait?
▶ Can I ask you to wait?

などの表現が使えます。どれも「お待ちいただけますか？」という意味です。問題がなければ相手は I don't mind waiting. とか、I can wait.（構いません）と返答してきます。

　仕事の時はなるべく、**I'm waiting.** という表現を返答に使わないようにしてください。お待ちしていますというより、「待っているのだから早くしてほしい」というニュアンスがあるからです。

　I can't wait. という表現を見て、どのような印象を持ちますか。相手は待てないと不満気だと思うでしょうか。

　直訳では相手が不満なのかと思えてしまいそうですが、実は「楽しみです」という意味の表現です。ただし、冷めた口調で言われたら、イヤミがこもっていると考えてください。

友人を家に迎えに行きました。外で待っているのですが、なかなか出てきません。こんな時は腹が立って、ついきつい言葉を使って文句を言いたくなりますが、それではせっかくの楽しい時間が台無しになってしまう可能性があります。ここはグッとこらえて **I'm waiting.** と言ってみてください。「準備できてるよ〜」「早く行こう〜」といった意味です。waiting の部分に若干イントネーションを付け、長めに発音すると怒りを含まず「お〜い、どうしたの〜」というニュアンスが出ます。

　仕事でも勉強においても、prioritize する（優先順位を決める）のは大切なことです。アメリカでは、早急に処理を要するものには urgent（至急）という印を付けたりします。

　急ぎではない仕事の処理を頼む時は **This can wait.**（後回しでも構わないよ）という表現が使えます。

ネイティブはこう言っている！

What are you waiting for?　早くしてよ／何を待ってるの。
I can't wait for you.　待ってはいられないんだけど。
I'll wait for you.　待ってるからね。
Wait for me.　待っててくれ。
We'll have to wait.　待たないといけないだろうな。
Wait here.　ここで待ってて。
We'd better wait.　待とうよ。
Just wait.　まあ待ってなって。

I had a long wait. ずっと待っていました。

happen を使って「偶然」を表現しよう

I happen to know him.
(たまたま彼とは知り合いなんだ)
「ハプニング」が happen から派生していることは、ご存じですか？

---

　happen は「起こる」という意味ですが、物事が期せずして、あるいは偶然に生じたという場合に使えます。もしも、「起こった」ことが予定されていたり、計画されていた場合は、happen ではなく **take place** を用いるほうがよいでしょう。

　まずは予期しない何かが起きたという例です。

　同僚が外出先から職場に戻ってきたら、床が水浸しになっていたという状況を思い浮かべてください。何も知らずに戻ってきた同僚は、**What happened?**（いったいどうしたんだ？）と、思わず叫ぶことでしょう。

　また、職場を数日離れ、戻ってきた時に、何か変化を感じたら、Did anything **happen**?（何かあったの？）という表現が使えます。あなたがこう言う前に、ひょっとしたら同僚の1人が、Did you hear what **happened**?（ねえねえ、どうなったか知ってる？）と先に尋ねてくるかもしれません。

　事情を聞かされて大きなショックを受けました。思いもよ

249

らず状況が悪かったからです。そんな時は、How could this have **happened**?（なんでこんなことになったのでしょうか？）と言うことができます。

それが人為的なミスによる結果だと知り、その責任のある人物に対して憤って非難する時は、**How could you let that happen?**（〈あなたがついていながら〉なぜ、こんなことに？）という表現になります。

また、このような事態は今回が初めてではないという場合は、Nowを付け加え、**Now what's happened?** という形にすると、「今度は何だ？」となり、イライラしている、あるいは不満だというニュアンスが出てきます。

否定的な状況だけでなく、次のような「偶然に生じた」「たまたま」という状況でも使われます。例えばこのような例です。会社にみんなが憧れている同僚がいます。誰もがなんとかして仲よくなるきっかけを作りたいと思っています。すると、たまたま近くを通ったその同僚があなたに挨拶しました。みんな驚いて一斉にあなたに注目します。そこであなたが、**I happen to know her.**（たまたま彼女とは知り合いなんだ）とひとこと。

また、友人や知人にことづけを頼む時に、**If you happen to see Beth, please tell her to call me.**（ベスを見かけることがあれば、電話するように伝えてください）という表現を使うことができます。

ネイティブはこう言っている！

This is how it happened.　事の次第はこうです。

What happened here?　どうなっちゃったんだ？

What happened to you?　いったいどうしたんだい？

What's going to happen?　これからどうなるんだ？

What's happening?　なんかあったの？／調子はどう？

I happened to talk to him.
　たまたま彼と話をする機会がありました。

---

sorry で配慮したはずが、逆効果!?

Sorry I asked. （ちぇっ、聞くんじゃなかった）
謝罪したい相手に向かって、I'm sorry, too. と言ったら、どうなる？

　誰もが知っている **I'm sorry.** も、状況が変わると「ご愁傷さま」という意味になります。

A : My grandfather died last year.
　　（去年、祖父が亡くなりまして…）

B : **I'm sorry.**（お悔やみ申し上げます）

　似た表現に、**I feel sorry for you.** というのがありますが、これは「君はかわいそうだね」という意味になります。週明けのテストに備えるため、週末どこにも行けず勉強している

というような状況で使えます。

　I'm sorry. という表現を使う時に、1つ注意してほしいことがあります。相手が明らかに自分の非だと認め、I'm sorry. と言った時に、「こちらにも非がある」と言うつもりで同じように **I'm sorry, too.** と返答したら、「私もあなたが悪いと思っています」という非常にイヤミなひとことになってしまいます。そのような誤解を避けるには、**Don't worry about it.** とか **It's okay.** と言えばよいでしょう。

「申し訳ありません」という意味なら、**I'm so sorry.** という表現もあります。大変誠意が感じられる表現で、**So sorry.** と短縮してもくだけた言い方になるものの、誠意はそのままです。例えば、誰かがテレビを見ている目の前に自分が立っていると気づいた時などに使ってみてください。

　相手の話の内容がわからない時に聞き返したり、話をよく聞いていなかった時に使われる **Sorry?** があります。これは、礼に欠ける、あるいはぶしつけなことを言う相手に対し、不快を示す意味でも使われます。「えっ、なんですって？」といったニュアンスです。Excuse me? でもほぼ同じ意味です。

　謝っているように見える **Sorry I asked.** は、直訳は「尋ねて悪かったね」となりますが、実は「聞くだけ損した」というイヤミを含んでいます。

　You'll be sorry. または **You're going to be sorry.** なら、「そ

んなことして後で後悔するよ」という意味になります。

I hope you're sorry. という表現は、一見、前向きなひとことに見えますが、実は「なさけない」という意味です。やるなと言ったのに耳を貸さなかったばかりか、失敗しても開き直っている人に苦言を呈する時に使えます。こう言っても、中には逆に、**I'm not sorry about** what I did.（自分のしたこと、自分が招いた結果を少しも悔いてはいない）と言って食い下がってくる人がいるかもしれません。

話し手と意見が分かれた時、相手があなたの意見に反対した時、あるいはあなたの意見を非難した時などに使える **I'm sorry you think that way.**（あなたがそのように考えるのは残念です）という表現があります。I'm sorry と言って自分を一段低くすることで、冷静かつ精神的に大人であるという印象を与えますが、「あなたの意見には反対だ」ということはしっかりと主張しているひとことです。

ネイティブはこう言っている！

I feel sorry for you.　お気の毒に…／残念ですね。
I'm sorry I said that.　あんなこと言ってすまない。
I'm sorry about what happened.　今回の件は大変でしたね。
I'm sorry to hear that.　それは残念です。

worryで「気遣い」の表現をマスター！

Don't worry about me.（私なら大丈夫）
相手を気遣うフレーズを覚えて、心を通わせる表現を！

　私たちは心配することに多大な時間を費やしています。ですから、心配することを意味するworryを含んだ表現をたくさん覚えておくと役に立つと思います。

　まず、自分が相手を心配していることを伝える時の表現です。動詞のworryは心配させるという意味ですから、受動態の **I'm worried.** あるいは **I'm worried** about it. という形にします。

▶ **I'm worried** about her.（彼女のことが心配だ）

　これは、相手への思いやりが真摯に感じられる表現です。無茶している相手、自暴自棄になっている相手、ひどく落胆している相手など、見過ごしてはおけない状態にある人に対して使えます。

　Don't worry.（大丈夫／心配いらないよ）という表現は相手の気遣いに対しての返答として使えます。

　また相手を軽く励ますこともできます。

A : I'm not sure if I can do it.
　　（できるかちょっとわかんないなあ）

B : **Don't worry** about it.（大丈夫ですよ）
A : I don't know if I have enough money to do it.
　（お金足りるかどうか…）
B : **Don't worry** about it.（まかせとけって）

　問題があったり困難な状況にあって、相手が気遣ってくれた時には、**Don't worry** about me.（私なら大丈夫）というひとことが使えます。

　相手が、Are you sure?（本当に大丈夫？）と念を押してきた時に詳細を語りたくなければ、I'm sure.（大丈夫）と返答すればよいでしょう。

　帰宅が遅くなったことを知らせず、家族が心配していると思ったら、**I didn't mean to worry you.**（心配させるつもりはなかったんです）や、**I hope you weren't worried.**（心配してなきゃいいけど）などという表現が使えます。

　心配事を抱えていてもなかなか口に出さない人がいます。しかし、顔色をうかがえば何か不安の種を持っていることは明らか。こんな時は **What are you worried about?**（何をそんなに心配してるの？）というひとことがあります。相手の心配の原因となっている事柄について尋ねる時に使います。語尾に about が付くことで、心配の種になっている原因が強調されています。

　あるいは、**Why are you so worried?**（何でそんなに心配するの？）という表現も使えます。発音する時は、Why の部分

にアクセントを置くようにしてください。

ネイティブはこう言っている！

You have nothing to worry about.　何も心配はいらないよ。
It's nothing to be worried about.　心配するには及ばない。
You look worried.　不安そうだけど〈どうしたの〉？
I heard that you worried.　心配していると聞いたけど。
I have lots of worries.　心配事がたくさんあります。
I have enough to worry about.　これ以上、心配事はいらない。

OKの語源は英語じゃなかった!?

It was okay.（まあまあってとこ）
It was okay. には、「あまり満足してない」というニュアンスが…。

　恐らくOKほど、万国共通の言葉は存在しないでしょう。世界中で、アメリカを代表する産物、例えばバーボン、ポテトチップスといったどの言葉よりも広範囲にわたり使われています。

　OKという言葉は、19世紀初頭に既に多くの地域で個々の背景や特性を持ちながら、使用されていたようです。例えばアメリカのチョクトー・インディアンの言葉 okeh（それはそうです）が、19世紀初めのアメリカで広まったという説。あ

るいは Keokuk という名のインディアンの首長が Old Keokuk（長老の Keokuk）と敬われて呼ばれていたので、その頭文字から OK が派生したという説など、さまざまなものがあります。

書き言葉としては、1839年3月23日に発行された Boston Morning Post 紙上で、初めて「すべて正しい」(orl korrect) を意味する OK が使用されました。これまでのところ、これが OK が使われた最古の刊行物になっています。

OK. あるいは Okay. は理解や同意を示唆する相槌としてしばしば用いられています。しかし、**Okay, okay.** と連続すると、少しイライラした「わかった、わかったよ」というニュアンスが出てしまいます。

相手が理解しているか、また許可を得る時の確認の言葉としても使われます。

▶ I'm going to go now, okay?
（もう出かけますけど、いいですか？）
▶ I'll do it, okay?（私がやりましょう。いいですね？）

自分の意見を表明する時にも使われますが、注意も必要です。例えば、誰かが車を買ったので How do you like it?（気に入ってますか？）と尋ねたとします。もし **It was okay.** と答えたならば、「よい」という意味ではなく、「実はそれほど満足していない」という意味になるのです。

人の状態を表す時にも使うことができます。怪我をした時などに He's okay. と言えば、「彼は大丈夫」という意味です。相手の性格について話している時は、「いい人」を指します。

会話の中では、**okey-doke** もしくは **okey-dokey** と言うこともあります。電話を切る際にも「それでは」の意味でよく使われます。親しみのこもった表現です。

コラム *column*

語頭に1文字足すと全く違う意味になる単語

単語によっては表面的に1字違うだけでほぼ同じに見えるものがありますが、もちろん意味は全く異なってきます。それを頭に入れておくと、新しい単語を学ぶ時に役立つだけでなく、歌詞のように韻をふんでいるので、きっと楽しみながら学べるでしょう。ではその例文を一緒に見ていきましょう。

able（可能）→ fable（寓話）

I'm **able** to tell you a **fable** I learned as a child.
（子供の時に覚えた寓話をお話ししてもいいですよ）

car（車）→ scar（傷）

I got this **scar** in a **car** accident.
（車の事故でこの傷を負いました）

harm（害）→ charm（魅力）

Her **charm** will do you **harm**.

(彼女の魅力は君に害を及ぼすかもね)

kid (子供) → **skid** (すべる)

A **kid** fell off his skateboard and **skidded** down the street.

(少年はスケボーから転倒し、道を横滑りしていった)

lack (欠乏) → **black** (黒い)

This **black** dress **lacks** color.

(黒い衣装は色合いに欠ける)

last (最後) → **blast** (爆発)

The **last blast** was the loudest.

(最後の爆発が最も激しかった)

leak (漏れる) → **bleak** (望み薄の)

The possibility of getting this **leak** fixed today is **bleak**.

(今日中にこの液漏れを直すのはほとんど無理だね)

lick (なめる) → **flick** (映画)

The children watched a **flick** while **licking** their suckers.

(子供たちは棒付きキャンディをなめながら映画を観た)

nap (昼寝) → **snap** (バチッという音)

I was taking a **nap** when I heard the bed **snap**.

(ベッドがバチッと音をたてた時ちょうど昼寝をしていた)

rag（ぼろきれ）→ brag（自慢する）

Why does she **brag** about her dress? It's a **rag**.

(なんで彼女は服を自慢するのかね。ぼろきれなのに)

rat（ねずみ）→ brat（やんちゃぼうず）

A little **brat** was holding a **rat**.

(やんちゃぼうずがねずみをつかんでいた)

raving（派手な）→ craving（切望）

The **raving** beauty has a **craving** for ice cream.

(ギンギラ美人はアイスクリームが大好き)

risk（危険）→ brisk（活発な）

Rafting in **brisk** water is a **risk**.

(流れの激しい川でのラフティングは危険だ)

ネイティブはたった100語で話している！

著 者 ── デイビッド・セイン
訳 ── エートゥーゼット

2016年 11月20日　初版1刷発行
2019年 4月5日　　　12刷発行

発行者 ── 田邉浩司
組　版 ── 萩原印刷
印刷所 ── 萩原印刷
製本所 ── ナショナル製本
発行所 ── 株式会社 光文社
　　　　　東京都文京区音羽1-16-6 〒112-8011
電　話 ── 編集部(03)5395-8282
　　　　　書籍販売部(03)5395-8116
　　　　　業務部(03)5395-8125
メール ── chie@kobunsha.com

©AtoZ Co., Ltd. 2016
落丁本・乱丁本は業務部でお取替えいたします。
ISBN978-4-334-78710-3　Printed in Japan

R <日本複製権センター委託出版物>
本書の無断複写複製（コピー）は著作権法上での例外を除き禁じられています。本書をコピーされる場合は、そのつど事前に、日本複製権センター（☎03-3401-2382、e-mail：jrrc_info@jrrc.or.jp）の許諾を得てください。

本書の電子化は私的使用に限り、著作権法上認められています。ただし代行業者等の第三者による電子データ化及び電子書籍化は、いかなる場合も認められておりません。

78347-1 こ10-3	72789-5 お6-1	78661-8 お10-1	78331-0 う2-1	78685-4 う4-1	78605-2 い10-1
小泉 武夫（こいずみ たけお）	岡本 太郎（おかもと たろう）	岡崎 武志（おかざき たけし）	浦 一也（うら かずや）	烏賀陽 百合（うがや ゆり）	松瀬 学（まつせ まなぶ）
地球怪食紀行 『鋼の胃袋、世界を飛ぶ』改題	今日の芸術 時代を創造するものは誰か	読書の腕前	旅はゲストルーム 測って描いたホテルの部屋たち 文庫オリジナル	一度は行ってみたい 京都「絶景庭園」	あなたが変わるまで、わたしはあきらめない 努力する心の育て方
ストックホルムで地獄のカンヅメに仰天し、オーストラリアでマグロ焼いて火事騒ぎ、食の冒険家による、世界の食エッセイ。『地球を怪食する』改題。	「今日の芸術は、うまくあってはならない。きれいであってはならない。ここちよくあってはならない」──時を超えた名著、ついに復刻。〈序文・横尾忠則 解説・赤瀬川原平〉	本は積んで、破って、歩きながら読むもの…。ベストセラーの読み方から、「ツン読」の効用、古本屋との付き合い方まで、"空気のように本を吸う男"が書いた体験的読書論。	アメリカ、イタリア、イギリスから果てはブータンまで。設計者の目でとらえた世界のホテル六十九室。実測した平面図が新しい旅の一面を教えてくれる。	四季折々に美しい庭、見る角度で景色を変える庭──庭は奥が深い。そして愉しい。京都で活躍するガーデンデザイナーが、美しい写真とともに、その見どころを徹底ガイドする。	「駄馬を名馬に変えるのが、コーチの仕事です」──。出場した全オリンピックでメダルを獲得したシンクロナイズドスイミングの世界的指導者が、コーチングの肝を語りつくす。
700円	560円	740円	860円	840円	700円

78589-5 ほ3-1	78560-4 ぴ2-1	78522-2 ふ2-1	78634-2 は2-1	78658-8 つ6-1	78592-5 す3-1
保坂 俊司 監修	マーク・ピーターセン	ピーター・バラカン 若月 眞人 構成・文	ベティ・L・ハラガン 福沢 恵子 水野谷悦子 共訳	土屋 守	鈴木 隆祐 文庫書下ろし
図解とあらすじでよくわかる「聖書」入門 文庫書下ろし	日本人が誤解する英語	ピーター・バラカンのわが青春のサウンドトラック Once Upon A Time In England...	誰も教えてくれなかった女性の働き方 ビジネス・ゲーム	新版 シングルモルトを愉しむ	知られざる名店を探せ！ 東京B級グルメ放浪記
そもそも「新約」「旧約」は何が違うのか。「バベルの塔」や「ノアの箱舟」はどんな物語だったのか。常識として知っておきたい聖書のキーワードを、わかりやすく解説する。	「日本人英語」と長年つきあってきた著者が、ネイティブの立場から、日本人が陥りがちな英文法の誤解と罠、そして脱却方法を懇切丁寧に解説。『マーク・ピーターセン英語塾』改題。	ビジネスをゲームと定義し、仕事のこなし方、お金、人間関係ほか、企業社会での秘訣を伝える。全米で100万部のベストセラーとなった、「働く女性のためのバイブル」。（解説・勝間和代）	六〇年代から七〇年代、まさにロックが黄金時代を迎えたロンドンで青春を過ごした著者。その強烈な音楽体験を、名曲の聞きどころとともに語りつくす。愛聴盤ガイド付き。	シングルモルトとは、麦芽のみを材料に用い、単一の蒸留所で醸される個性豊かなウィスキー。その歴史から銘柄ガイドまで、知れば知るほど味わい深い世界を第一人者が案内。	気軽にお腹を満たすなら、地元に根付く昔ながらの食堂がいい。小鉢自慢の定食屋、さくさくフライの洋食屋、野菜たっぷり中華屋など、一食千円、約350店の東京・食べ歩き録。
740円	724円	648円	660円	880円	800円